MÉMOIRE

POUR

M. LE COMTE PIERRE-JOSEPH-THÉODORE-JULES DE PARDAILLAN

SUIVI

D'UNE GÉNÉALOGIE DE SA MAISON

MÉMOIRE

POUR SERVIR A M. LE COMTE

PIERRE - JOSEPH - THÉODORE - JULES DE PARDAILLAN

CONTRE

MM. AUGUSTIN ou **AUGUSTE-FRÉDÉRIC DE TREIL,** demeurant à Paris, rue de Douai, 69;

LOUIS-CHARLES-ARTHUR DE TREIL, résidant à Autricourt-sur-Ource (Côte-d'Or);

ARMAND DE TREIL, colonel de gendarmerie, commandant la 13e légion à Toulouse;

le premier se disant Comte de Pardailhan; le second, Baron de Pardailhan; le troisième, de Pardailhan.

PAR J. NOULENS

Directeur de la *Revue d'Aquitaine.*

———— ∿ ————

A CONDOM (Gers)

AUX BUREAUX DE LA REVUE D'AQUITAINE

BOULEVARD DE GÈLE, 6

A PARIS

CABINET DE M. J. NOULENS

RUE D'ERFURTH, N° 3

1867

MÉMOIRE

POUR SERVIR A M. LE COMTE

PIERRE - JOSEPH - THÉODORE - JULES DE PARDAILLAN

CONTRE

MM. **AUGUSTE-FRÉDÉRIC DE TREIL,** demeurant à Paris, rue de Douai, 69 ;

LOUIS-CHARLES-ARTHUR DE TREIL,
résidant à Autricourt-sur-Ource (Côte-d'Or) ;

ARMAND DE TREIL, colonel de gendarmerie,
commandant la 13e légion à Toulouse (1) ;

le premier se disant Comte de Pardailhan ; le second, Baron de Pardailhan ;
le troisième, de Pardailhan.

I

LA VALEUR DU NOM EST SUPÉRIEURE A CELLE DE TOUS LES AUTRES BIENS.

L'hérédité est un sentiment qui prime en nous tous les autres ; elle a pour expression et pour symbole le nom dont on peut mesurer la valeur et la nécessité à l'aide d'une fiction. Abolissons-le par la pensée, et nous sentirons combien sa puissance est grande, légitime, indispensable.

(1) Contre aussi MM. FRANÇOIS-JOSEPH-MARTIAL et son fils HENRI-JEAN-BAPTISTE-
CHARLES DE TREIL, enfin contre tous ceux de la même famille qui portent ou ont
porté le nom de Pardailhan.

1

Sans lui, en effet, les hommes passeraient à l'état d'abstractions, et, privés du sceau qui distingue l'individu ou les races, iraient s'abîmer dans la confusion. L'histoire deviendrait anonyme et déserte; les exemples de vertu, de bravoure et de patriotisme disparaîtraient avec la marque merveilleuse qui les faisait reconnaître, avec le mobile qui les déterminait; il ne resterait aucune garantie aux transactions, à la propriété et aux autres choses d'ici-bas. Les souvenirs du bien et du beau, les efforts du génie n'étant plus figurés par un appellatif personnel, tomberaient dans l'indifférence et l'oubli. Les traditions, les espérances de famille, ainsi que les fortunes, seraient intransmissibles. Le nœud qui retenait les vivants en groupe, soit domestique, soit social, ou qui les rattachait aux générations passées et futures, étant rompu, les affections du foyer n'auraient plus leur raison d'être. La civilisation dès lors serait dissoute et l'humanité désorganisée, faute d'un signe de ralliement. En conséquence, le jour où nous perdrions le nom, nous aurions retrouvé le chaos.

Le nom patronymique est donc une condition d'ordre universel. Il est en même temps l'unique patrimoine que la sagesse des nations ait pu déclarer inaliénable et imprescriptible. Sa forme syllabique, si fragile en apparence, indestructible en réalité, particularise les individus et maintient l'unité des familles, soit dans la mêlée du genre humain, soit dans la succession des temps.

Rien n'est plus essentiel et plus auguste que le nom! Celui de Dieu suffit pour nous révéler sa toute-puissance. C'est à lui que nous rendons hommage en trois mots : *Sit nomen Domini benedictum.*

Le nom est l'emblème de la religion intérieure représentée autrefois par les dieux lares, les pénates, les *dii manes.* Son culte n'est donc pas une transmission de l'orgueil féodal, il remonte plus haut, il provient des républiques de l'antiquité. Son pouvoir nous permet de renouer des relations outre-tombe, de raccorder, par une chaîne mystérieuse d'amour, les générations éteintes et vivantes [1]. Sans lui, la commémoration de ceux qui ont cessé d'être ne serait pas possible.

Le nom nous prend au berceau et nous conduit jusqu'au bord de la fosse, sans y descendre toutefois avec nos restes. Pour qu'il nous survive rayonnant, ce n'est pas trop des vertus et des sacrifices de plusieurs existences dans une même race. Son éclat est trop difficile à conquérir pour ne pas le préserver des spoliations.

L'action du nom est visible partout, qu'il ait été illustré par l'épée, la robe ou le travail. On se souvient de celle que le mot *Napoléon* exerça sur le peuple en 1848. Les noms de l'Hôpital, Harlay, Molé, Séguier, d'Aguesseau, Portalis, réveillent dans le cœur des magistrats un souvenir pieux et tous les scrupules de la justice.

Les meilleurs et les plus grands esprits s'accordent pour proclamer l'efficacité du nom, sous le rapport moral et matériel. Daniel Sterne croit que, « par un biais magique, il a sur notre conduite et notre caractère une influence qu'on ne peut détourner. » Tout le monde connaît le sentiment de Joseph de Maistre sur ce sujet.

Le président de Brosses glorifie également le nom, dans cette langue correcte, précise et solide qu'il maniait si bien : « Mais qu'avons-nous qui soit plus à nous, et qui » nous appartienne d'une manière plus incommutable, plus » inaliénable, que notre nom? La possession de tous les

---

[1] « L'institution du nom, — dit M. Rocher, — répond à cette impulsion secrète » au gré de laquelle l'homme, qui n'occupe qu'un point dans l'espace et dans le » temps, aspire à étendre, à multiplier, à prolonger au delà de la tombe son exis- » tence d'un moment, et associe les sentiments de la famille à toutes ses ambitions » de fortune, de vertu et de gloire. »

» autres biens est précaire dans une famille. Titres, terres,
» fortune, honneurs, tout varie et change de mains. Il n'y
» a au monde que cette petite propriété syllabique qui
» soit tellement à une race, que rien ne peut la lui
» enlever, si elle veut la conserver. Personne n'est certain
» qu'une possession quelconque autre que celle-ci restera
» dans sa descendance, tant qu'elle durera. Pourquoi
» l'amour de la propriété ne se fixerait-il donc pas, par
» préférence, sur la seule chose qu'il n'est pas possible de
» perdre (¹)? »

Un écrivain qui a pénétré profondément dans la science
étymologique et surtout dans l'origine des noms propres,
M. de Coston, envisage leur portée par le côté des avantages positifs; son opinion est significative :

« Un beau nom est une valeur quelquefois importante
» pour celui qui le porte, soit qu'on le considère au point
» de vue de l'amour-propre, soit qu'on l'examine sous un
» rapport purement matériel et mercantile. Le descendant
» d'une famille historique, privé de fortune, peut battre
» monnaie avec son nom. A Paris, le nom d'un duc de
» vieille souche est souvent accepté, quand il est question
» d'un mariage, comme l'équivalent d'un million. Il facilite
» beaucoup aussi l'accès d'une haute position officielle, et
» notre siècle, prétendu égalitaire, en offre de nombreux
» exemples. Le nom d'un industriel ou d'un manufacturier,
» tel que ceux de Moët, Clicquot, Sax, dont les produits
» sont connus et recherchés au loin, constitue un surcroît
» de fortune pour celui des héritiers qui a seul le droit de
» s'en servir comme raison sociale. Il ne faut donc pas
» s'étonner si certains hommes sont jaloux de leur nom
» comme un amant de sa maîtresse, et s'ils ne veulent

(¹) *Traité de la formation méchanique des Langues et des Principes physiques
de l'Étymologie,* par le président de Brosses, tome II, pages 270-271.

» partager avec personne le trésor qu'ils tiennent de leurs
» aïeux (¹). »

Le tribun Challan a donc eu raison de dire, dans son
Discours du 11 germinal an xi, « qu'il était juste et nécessaire de lui donner une sauvegarde qui le préserve de
l'usurpation et du mépris. »

M. Hibon de Frohen, mari de Mme Yolande de Brancas,
issue d'une branche cadette de cette maison, prétendait
avoir reçu, par suite de son alliance, non seulement la
grandesse d'Espagne, mais encore le nom sur lequel elle
était assise. Avant que la cour impériale ne lui eût opposé
le *veto* de la législation française (loi du 11 germinal
an xi), M. Hibon s'était fait inscrire, sous le titre de duc de
Brancas, dans l'*Almanach du commerce* publié par Firmin
Didot, et dans l'*Annuaire de la Noblesse* de M. Borel d'Hauterive. En 1858, une action fut intentée à ces derniers par
Mme la duchesse de Brancas Céreste, le prince d'Aremberg,
le marquis de Sinety et le marquis de Brancaccio.

Cette usurpation d'un nom et d'un titre, reconnus par le
gouvernement espagnol, offrait une apparence de légalité,
tandis que notre espèce n'en présentera aucune. Eh bien !
dans ce procès contre MM. Didot et Borel d'Hauterive,
M. Pinard, substitut, envisagea de haut le rôle salutaire du
nom. Malgré la longueur de ces préliminaires, le langage
large et élevé de ce magistrat mérite ici une place, car il
s'ajuste merveilleusement à la circonstance :

« Le nom est un héritage souvent plus précieux que la
» fortune.... Il vous suit dans la pauvreté comme dans
» l'opulence, dans la patrie comme dans l'exil....

» Il ne reste plus que cette objection vague et générale
» qu'on peut faire à tous les procès de cette nature : pas de

(¹) *Origine, Étymologie et Signification des Noms propres et Armoiries,* par le
baron de Coston. — Paris, 1867, pages 92-93.

» préjudice matériel, pas d'action; ce débat qui éveille les
» souvenirs d'un autre âge n'est plus aujourd'hui qu'un
» anachronisme. N'ayons pas, messieurs, de ces préven-
» tions superficielles; allons au fond des choses. Sans doute,
» les prérogatives du vieux droit, les avantages matériels
» attachés à certains noms, et qui avaient été souvent le
» salaire du sang versé, le prix de services rendus, ont dû
» complètement disparaître; il ne faut ni les ressusciter, ni
» les regretter; quand un moule social a été une fois brisé,
» il ne doit plus renaître. Mais le nom sans le fief, le nom
» sans les priviléges éteints, le nom même sans les splen-
» deurs de la fortune ou l'éclat d'un long passé, a toujours
» quelque chose d'auguste et de sacré : le nom est la chose
» la plus simple, elle est aussi la plus profonde.

» Pourquoi la loi de germinal a-t-elle voulu le nom per-
» pétuel, sinon parce qu'il est le signe vivant, la démons-
» tration la plus énergique de la notion de propriété? Et
» quand la fortune mobilière s'acquiert si vite, et se perd
» plus vite encore; quand la fortune territoriale se frac-
» tionne et disparaît chaque jour, il est utile que le nom
» reste avec son cachet de perpétuité, comme le premier
» de nos patrimoines, justifiant en la résumant l'idée même
» de propriété.

» Pourquoi nos lois ont-elles fait le nom héréditaire et
» transmissible seulement par les mâles, sinon parce qu'il
» rappelle, et l'unité d'autorité du chef qui fonde les famil-
» les, et le respect du passé qui les perpétue : tradition
» sainte qui se retrouve partout; que Rome appelait le
» culte des dieux domestiques, et que nous avons nommé
» d'un mot plus simple et plus vrai : le culte des ancêtres.

» Enfin, pourquoi veut-on les noms inaliénables et im-
» prescriptibles, sinon parce qu'ils appartiennent autant à
» la nation qu'aux individus? N'oublions pas, en effet, que

» les peuples grandissent dans la mesure du respect dont
» ils entourent leur histoire. Or, les masses n'apprennent
» l'histoire qu'avec des monuments ou avec des noms,
» quelquefois obscurs au début, qui leur rappellent les
» réformes civiles, les grandes découvertes, les glorieuses
» conquêtes. Sur les champs de bataille de la vieille monar-
» chie française, sur ceux du premier empire, sur cette
» terre de Crimée encore couverte de notre sang et de
» notre gloire, le peuple recueille des noms, et ces noms
» qu'il rend immortels parce qu'ils sont le symbole des
» grands faits, c'est pour lui l'histoire tout entière.

» Voilà la puissance et l'importance des noms au point
» de vue de la notion de propriété, de l'intérêt de famille
» et de la tradition nationale. De cela, tirons deux consé-
» quences pratiques : la première, c'est que la chancellerie
» obéit aux traditions les plus saines lorsqu'elle se montre
» si sévère pour changer, si prudente pour conserver ; la
» seconde, c'est qu'il est puéril de revendiquer un nom qui
» n'est pas le sien, et qu'il y a fierté légitime à défendre à
» toutes les époques un nom porté par des ancêtres (¹). »

C'est sous l'inspiration de ce dernier sentiment et celle
d'un devoir pieux, que M. le comte Pierre-Joseph-Théodore-
Jules de Pardaillan va redemander protection à la justice. Le
nom et les titres de sa famille ont été l'objet de violations
successives de la part de MM. de Treil, se disant Pardaillan
ou Pardailhan (²), appellation que plusieurs d'entre eux font
précéder du titre de baron et de comte. Nous allons mettre
ces faits en lumière, les discuter au point de vue juridique

(¹) *Gazette des Tribunaux*, 5 février 1858.

(²) Ce nom écrit avec *ll* ou *lh* est toujours le même ; nous l'établirons un peu plus loin, dans un paragraphe spécial. Nous maintiendrons à MM. Treil l'orthographe PardaiLHan, car ils l'ont employée avec plus de fréquence que PardaiLLan. Cette dernière forme est plus habituelle dans la famille du plaignant, où l'autre se montre aussi.

ancien et nouveau, faire ressortir leur ridicule inanité, et prouver la qualité de M. le comte Pierre-Joseph-Théodore-Jules de Pardaillan comme demandeur. Il est tout d'abord essentiel et édifiant, croyons-nous, de jeter un coup-d'œil rétrospectif sur l'état de la famille de Treil, pour comparer ce qu'elle fut à ce qu'elle veut être.

II

CONDITION DE LA FAMILLE TREIL AVANT ET DEPUIS 1789; CAUSES DU PROCÈS.

Naguère encore l'autorité du Tribunal de la Seine confirmait par un jugement toutes les conclusions de mon Mémoire en faveur de M. le comte Pierre-Théodore-Jules de Pardaillan contre M. Louis-Auguste-Jacques d'Arblade, se disant comte de Pardaillan et duc d'Antin. J'avais bien auguré de cet exemple répressif. Aujourd'hui cependant je suis appelé par le même consultant à exposer et commenter des griefs du même genre; ils sont fondés, cette fois encore, sur des atteintes portées au nom et aux titres de la famille de PARDAILLAN, par des tiers qui lui sont complètement étrangers, et qui n'ont pas même, comme M. d'Arblade, l'excuse ou le prétexte d'une alliance. Nous n'aurons pas de peine à le démontrer.

Avant de pénétrer dans les détails particuliers, quelques considérations générales nous semblent nécessaires.

Au dernier siècle de la monarchie, l'invasion des noms et des titres féodaux fut, pour ainsi dire, épidémique; tous ceux qui étaient pourvus de fortune ou qui comptaient des services militaires acquéraient des terres nobles avec em-

pressement. Ensuite, ils faisaient emploi de tous les stratagèmes qui pouvaient les affranchir tôt ou tard du droit
humiliant de franc fief. La tache originelle de roture se
trouvait plus ou moins effacée après une ou deux générations. Alors, les moins ambitieux et les plus patients faisaient
main basse, d'abord sur les noms, et ensuite sur les titres
honorifiques; de cette manière, au bout d'un certain temps,
ce qui n'avait été nullement réel au point de départ devenait héréditaire ([1]).

La juridiction appelée *Chambre de l'Arsenal,* et instituée
pour réfréner ces fraudes incessantes, échoua comme l'édit
d'Amboise de 1555 et toutes les mesures prohibitives qui suivirent ([2]). Jamais l'état des personnes ne fut plus variable!
Que l'on était loin de ce Moyen Age où le titre avait une
signification positive et représentait une magistrature ou
un office déterminés! La justice, rendue impuissante par la
fréquence des exemples, ne les frappait qu'exceptionnelle-
ment. L'opinion publique, seule vengeresse de la loi, du
moins dans la Gascogne et le Béarn, faisait claquer aux
oreilles des intrus le fouet de la satire. En présence de ce
débordement, causé par l'ambition, l'amour-propre, le caprice et le hasard, La Bruyère s'écriait :

« Si certains morts revenoient au monde et s'ils voyoient

([1]) La poésie a fustigé ces malheureuses pratiques par l'organe de Boursault,
dans *la Comédie sans titre :*

> Si les morts revenaient ou d'en haut ou d'en bas,
> Les pères et les fils ne se connaîtraient pas.
> Le seigneur d'une terre un peu considérable,
> En préfère le nom à son nom véritable ;
> Ce nom, de père en fils, se perpétue à tort,
> Et, cinquante ans après, ou ne sait d'où l'on sort.

([2]) Malgré ces prohibitions, la bourgeoisie continua à s'approprier simultanément
le fief et son nom, ce qui ne lui conférait aucunement le privilége de s'asseoir
dans l'ordre de la noblesse à l'assemblée des États, ni la plus petite des prérogatives
accordées aux gentilshommes. Les possesseurs roturiers étaient soumis au droit de
franc fief, c'est à dire à fournir périodiquement une année de leur revenu.

» leurs grands noms portez et leurs terres les mieux titrées,
» avec leurs châteaux et leurs maisons antiques, possédés
» par des gens dont les pères étoient peut-être leurs mé-
» tayers, quelle opinion pourroient-ils avoir de notre
» siècle? »

Dans sa brochure ayant pour titre : *De la Noblesse dans
ses rapports avec nos mœurs et nos institutions,* M. de Tourtoulon nous a tracé un tableau saisissant de cette bourgeoisie
se précipitant dans la noblesse pour bénéficier de ses honneurs et exemptions. Nous détachons une page, qui sera
corroborée plus loin par d'autres autorités :

« Il exista alors des familles nobles sans seigneuries, et
» des seigneuries possédées par des seigneurs non nobles....

» Une quantité de bourgeois, avocats au Parlement, pro-
» cureurs, marchands enrichis, achètent des fiefs nobles,
» s'intitulent seigneurs, quelquefois même barons de tel ou
» tel endroit, et, tranchant du suzerain du Moyen Age,
» usent et abusent des droits seigneuriaux. Il se forma ainsi
» une classe intermédiaire entre la bourgeoisie proprement
» dite et la noblesse, classe que le peuple confondait souvent
» avec cette dernière, quoiqu'elle en fût bien distincte aux
» yeux de la loi. Et cependant, malgré la surveillance
» incessante de l'État, malgré la clairvoyance du fisc, mal-
» gré l'avidité des traitants, combien de bourgeois posses-
» seurs de fiefs ne parvinrent-ils pas à s'agréger au corps
» de la noblesse, soit par fraude, soit légalement, par
» l'acquisition de ce que l'on appelait une *savonnette à
» vilain* (¹) ! »

Au moment où ces abus allaient toujours croissant, c'est
à dire dans la seconde moitié du XVIIIᵉ siècle, les de Treil

(¹) M. de Tourtoulon, dans l'opuscule ci-dessus, déplore que la noblesse, rétablie
par le décret du 24 janvier 1852, n'ait pas été soumise à un contrôle vigilant, et
que les distinctions honorifiques soient restées à la merci du premier venu.

étaient fermiers généraux du clergé de leur diocèse. Une telle condition leur eût fait perdre la noblesse s'ils l'eussent possédée. L'obligation de cet état social commandait une vie dédaigneuse des intérêts matériels et l'unique souci de l'honneur. Toute profession mercantile contenait par conséquent la déchéance (¹). Le noble avait la faculté de manier la charrue sur ses terres, mais non sur celles du voisin, « *parce que nul exercice que fait le gentilhomme pour soi,* » *et sans tirer d'argent d'autrui, n'est dérogeant.* Il n'aurait » pu prendre des terres à ferme, parce qu'alors son travail » serait devenu une industrie et un moyen de lucre (²). » Les baux emphytéotiques faisaient quelquefois exception à cette règle, à cause de leur longue période de quatre-vingt-dix-neuf ans. Mais on sait que, à la fin du xviiie siècle, ce mode de location des domaines n'était plus usité, surtout par le clergé, dont les chefs, évêques ou abbés, étaient tenus de sauvegarder au profit de leurs successeurs le droit de modifier les conventions précédemment établies.

Si l'exploitation des biens ecclésiastiques ne put compromettre la noblesse des Treil, qui étaient roturiers, elle accrut considérablement leur fortune. Joseph de Treil, époux de Marie d'Azaïs, la consacra à des acquisitions foncières. Il acheta d'abord la Caunette, et ensuite Pardailhan (³). Pourvu de ce dernier domaine, il n'osa point

---

(¹) « Ce n'est pas assez d'être noble, dit Loyseau, si on ne vit noblement. » (*Ord.,* chap. V, n° 101.)

(²) *Droit nobiliaire français au XIXe siècle,* par Alfred Levesque, p. 105.
Dalloz range parmi les actes déterminant la perte de noblesse les suivants : la profession des arts mécaniques, le commerce, la possession de certains offices, tels que ceux de procureur et de greffier, sergent, *l'exploitation de la ferme d'autrui.* (Art. *Noblesse,* t. XXXII, p. 501.)

(³) Pardailhan est une commune du canton de Saint-Pons qui englobe trois paroisses ; c'est dans celle de Pont-Guiraut que se trouve le château de Pardailhan, restauré par M. Tissié-Sarrus, son propriétaire actuel. Avant 89, la famille de Treil se ramifiait en plusieurs branches résidant à Saint-Martial et à Lavallongue.

s'identifier avec lui ; mais il eut sans doute l'espoir que les siens, à son défaut, pourraient ajouter l'appellatif local au patronymique, et retirer un jour de cet accolement une apparence de bonne et ancienne extraction. Joseph de Treil eut la pudeur de ne point adopter pour son compte le nom de Pardailhan, dont l'éclat contrastait trop avec sa position récente. Dans une vente faite à Pierre de Benezet le 10 avril 1775, il s'abstient du nom de Pardailhan ; dans son testament du 18 juillet 1772, il montre même réserve. Son fils François est désigné comme héritier, mais sans qualification. Si Joseph de Treil ne tenta pas d'inaugurer le nom et le titre de Pardailhan ([1]) pour son usage personnel, son successeur n'eut pas les mêmes scrupules. Sa spontanéité, plus généreuse que l'initiative paternelle, le gratifia du nom de Pardailhan. Non content de cette conquête, il crut devoir l'assortir d'un titre qui le fît rayonner davantage.

Quand on prend du galon on n'en saurait trop prendre.

L'auteur de François n'était ni Pardailhan, ni baron ; le fils se trouva être l'un et l'autre par la force magique de son orgueil, qui, sans aucune gêne, se substituait au droit régulier.

Bien avant la terre de Pardailhan, les de Treil tenaient celle de La Caunette. Pourquoi ne gardèrent-ils pas ce dernier nom comme distinctif de branche ? Celui-là était fort disponible, n'appartenant à personne ; ils préférèrent néanmoins celui de Pardailhan, qui, dans le monde et dans l'histoire, avait un autre relief.

([1]) Sans doute, par respect pour la déclaration du 4 septembre 1696 et l'arrêt postérieur du conseil (26 février 1697) : « Il était interdit à ceux qui devenaient » propriétaires d'une terre ou fief, *dont le nom est le surnom d'une famille noble,* » d'en porter les noms et les armes. » En vertu des mêmes mesures, les roturiers possesseurs de terres titrées étaient punissables d'une amende de 100 florins.

Lá double addition de *baron de Pardailhan* mettait MM. de Treil sur le même pied que la famille de Gascogne au xiiᵉ siècle. A cette époque, nos Pardaillan étaient barons non seulement du lieu de leur nom, mais encore de Gondrin, de Lauraët, de Betbézer et de Lagraulet. Ce ne fut que sous Louis XIII et sous Louis XIV que les terres de presque toutes les branches furent, par la grâce monarchique, converties en comtés, marquisats ou duchés.

Un dénombrement du 22 juin 1768, accompli par François de Treil, ne relate pas le rang de baron (¹); cela s'explique très bien, car la prudence lui commandait de dissimuler aux yeux des commissaires du roi dont il allait subir la vérification, un titre aussi extraordinairement illégal. Les petits-fils de François de Treil feront bien de me donner un démenti à coups de parchemins, l'évidence seule pouvant imposer silence à cet esprit ombrageux que je vais témoigner encore.

Les de Treil n'avaient jamais été inscrits sur les catalogues des gentilshommes du Languedoc. On ne les trouve pas dans les *Jugements de maintenue* de M. de Bezons, ancien intendant de la Généralité, dont une copie manuscrite existe à la Bibliothèque de Toulouse, et une imprimée parmi les *Pièces fugitives* du marquis d'Aubais, tomes I et II. On les cherche vainement dans les états provinciaux du Languedoc où venaient s'asseoir tous les vrais barons, et dans les cérémonies de la contrée où affluaient les gentilshommes.

Disgraciés dans les anciens documents et les livres d'or du pays, MM. de Treil n'ont pas été plus heureux dans les nouveaux. M. Louis de La Roque, en son *Armorial de*

(¹) Il ne dut le prendre que beaucoup plus tard, dans quelques actes de vente passés chez lui au château de La Caunette; ces contrats, rédigés à son domicile, étaient destinés à remplacer les titres de noblesse qui manquaient à son fils et à lui faciliter un avantageux mariage.

Languedoc, n'a pas cru devoir leur réserver une place quelconque. Ce généalogiste cependant, qui est de Montpellier, a nécessairement fouillé toutes les archives de Saint-Pons et des environs. S'il avait découvert une trace nobiliaire se rapportant aux Treil, il les eût certainement favorisés d'une mention. A l'impossible, hélas! nul n'est tenu! Si un de Treil fut convoqué à l'assemblée des trois ordres de la sénéchaussée de Béziers le 16 mars 1789, ce ne fut point pour sa nobilité propre, mais pour celle de la terre de Pardailhan. Un meunier des entours de Coudom, quoique roturier, obtint le même honneur à cause de la qualité de son moulin. Un document des Archives impériales, coté B, III, 31, p. 181, 278-338 ([1]), signale un de Treil, seigneur de Pardailhan ([2]), au nombre de ceux contre lesquels on donna défaut. D'un autre côté, il n'est question d'aucun représentant de cette famille dans le *procès-verbal des Nobles de la sénéchaussée de Béziers,* appelés en 1789 à élire les députés de leur ordre. Cette liste en effet, éditée à l'époque par Fuzier, imprimeur de Béziers, ne les relate pas ([3]).

Quoi qu'il en soit de cette omission, du moment que MM. de La Roque et de Barthélemy marquent l'absence d'un Treil, seigneur de Pardailhan, ils constatent par cela même sa convocation. Je dois cependant avouer que le défaut du susdit personnage à l'assemblée de Béziers n'affaiblit pas mon soupçon relativement à sa noblesse, car l'impossibilité de la prouver put lui conseiller de rester à

([1]) Reproduit dans le *Catalogue des Gentilshommes de Languedoc,* par MM. Louis de La Roque et Édouard de Barthélemy.

([2]) « Je sais bien que tout propriétaire d'un domaine noble ou bourgeois donnait » jadis à ses enfants un nom de terre et que ceci ne constitue pas noblesse. » *(Lettres d'un paysan gentilhomme,* par M. de Chergé, p. 148.)

([3]) *Armorial de la Noblesse de Languedoc, Généralité de Montpellier,* par Louis de La Roque, t. II, p. 329, 330, 331.

l'écart. D'autres anomalies me frappent encore. Un seul membre de la famille Treil (Thomas-François) fut appelé à l'assemblée de Béziers (¹).

Celui qui tenait la terre de Pardailhan en mars 1789 est désigné, sur le catalogue des États-Généraux, comme simple seigneur (mot qui, à cette date surtout, n'avait aucune portée nobiliaire), tandis qu'il prenait à Paris la qualification de baron. En province, à un moment où tous les membres de l'aristocratie exhibaient leurs distinctions héréditaires, lui, soudainement modeste, ne songe même pas à se dire chevalier ou écuyer. D'après une vieille maxime, « celui qui est noble (ou titré) en son pays l'est » en tous lieux, suivant le droit des gens, de quelque » manière que ses titres aient été établis ; l'usage ou la » coutume du lieu d'où la noblesse est originaire est suivi » à son égard (²). » Si Thomas-François de Treil eût imité à Paris la réserve appliquée en sa juridiction natale, il aurait refusé à son amour-propre le titre de baron et tous ceux qui viennent après dans la hiérarchie descendante.

Maintenant, rétrogradons de quelques années, et redressons trois ou quatre degrés du lignage des Treil avant 89.

I. — JOSEPH DE TREIL s'allia, le 10 décembre 1702, à MARIE D'AZAÏS, et procréa le suivant (³) :

II. — FRANÇOIS DE TREIL épousa, le 29 juillet 1752, MARIE DE RAGON, qui donna le jour à :

(¹) Les autres membres, qui étaient nombreux, ne furent pas convoqués ; ce qui prouve qu'ils n'étaient point nobles et que la terre de Pardailhan seule avait cette qualité.

(²) *Histoire de la principale noblesse de Provence,* par Maynier ; in-4°, p. 29.

(³) Notes communiquées par Alexandre de Treil à Saint-Allais, en 1814.

1. — Thomas-François de Treil, que nous allons reprendre. Il est désigné comme seigneur de Pardailhan sur le procès-verbal de la Noblesse du bailliage de Béziers, en 1789.

2. — Jean-Alexandre-Vincent de Paule de Treil, qui, d'après le *Procès de Louis XVI*, t. VII, p. 68, fut inscrit, en juillet 1792, le 213e garde du corps dans la compagnie de Noailles. Il contracta union, à Saint-Pons, avec demoiselle Marie-Barbe-Magdeleine Gros, qui lui donna les trois enfants ci-après :

Aîné. — *François-Joseph-Martial de Treil,* dit Pardailhan, d'après son acte de naissance, fut marié avec D^{lle} *Julie-Henriette-Rose,* dont il a eu *Henri-Jean-Baptiste-Charles,* né à Paris le 13 mai 1832, élevé au collège de Pontlevoy, où il fut reçu sous les noms de Treil de Pardailhan; mais il ne porta que le dernier depuis son entrée, le 13 octobre 1846, jusqu'à sa sortie, le 3 juin 1849. François-Joseph-Martial-Treil Pardailhan a obtenu, le 1er juin 1838, un jugement du tribunal de Saint-Pons qui remet la particule à son nom de Treil et à son surnom de Pardailhan, ce qui restitue à ce dernier mot le caractère qualificatif dont nous prenons note.

Second. — *Armand Treil* est ainsi énoncé sur l'État civil de 1808, alors que son aîné avait été inscrit avec le surnom de Pardailhan, le 19 germinal an ix; je marque à dessein cette différence, car l'omission se produit à la fin de 1808. Cette année-là, le statut du 1er mars fermait l'accès de l'État civil aux titres qui n'étaient point de concession impériale. L'appellatif terrien de Pardailhan étant une réminiscence du régime féodal, le père de M. Armand de Treil fut tenu de le déposer (1). Ces vicissitudes et ces inconvénients

(1) Il est vrai qu'il n'aurait jamais dû le prendre. En admettant que l'abus du nom de terre fût toléré, ce n'était jamais que pour le possesseur; or, Jean-Alexandre-

accompagnent d'habitude les dénominations d'emprunt. En compensation, Jean-Alexandre-Vincent de Paule Treil est déclaré bourgeois (¹), ce qui donne une mince idée de la notoriété nobiliaire de sa famille en son pays. M. Armand Treil, aujourd'hui colonel de gendarmerie, par jugement du tribunal de Saint-Pons, à la date du 1ᵉʳ juillet 1844, a fait rectifier les prénoms de son auteur par l'addition de *Paule* omise après Vincent, et par celle de *de Pardailhan* mise à la remorque du mot *Treil*.

Vincent de Paule de Treil n'ayant pas eu dans son lot de cadet le château de Pardailhan, avait encore moins de droit à retenir ce dernier nom que son aîné, Thomas-François. Celui-ci, quoique propriétaire, n'en avait aucun.

(¹) EXTRAIT DES REGISTRES DE L'ÉTAT CIVIL DE LA COMMUNE DE LA CAUNETTE, DÉPOSÉS AU GREFFE DU TRIBUNAL CIVIL DE PREMIÈRE INSTANCE DE L'ARRONDISSEMENT DE SAINT-PONS (HÉRAULT).

Déclaration faite par le père.

« L'an mil huit cent huit et le neuvième jour du mois de novembre, heure de » midi, par devant nous, maire, officier de l'état civil de la commune de La Cau- » nette, canton d'Olonzac, département de l'Hérault, est comparu Jean-Alexandre- » Vincent Treil, âgé de quarante-six ans, *bourgeois*, domicilié au dit lieu, lequel » nous a présenté un enfant du sexe masculin, né le huitième du susdit mois, à » sept heures du soir, de lui, déclarant, et de Marie-Barbe-Magdelaine Gros, son » épouse, et auquel il a déclaré vouloir donner les prénoms de Armand, les dites » déclaration et présentation faites en présence de Joseph Pons et Étienne Saisset, » tous les deux âgés de plus de trente ans, cultivateurs, domiciliés au dit lieu, et » ont les père et témoins signé avec nous le présent acte de naissance, après qu'il » leur en a été fait lecture. — Alex. Treil-Pardailhan, Saisset, Pons et Fabreville, » maire, signés.

» En marge de cet acte est écrite la mention suivante : » Par jugement du Tribunal civil de Saint-Pons, en date du 1ᵉʳ juillet 1844, » l'acte ci-contre a été rectifié en ce sens que le père de l'enfant sera désigné sous » les noms et prénoms de Jean-Alexandre-Vincent de Paule de Treil de Pardailhan. » — Le greffier du Tribunal, G. Barthès, signé.

» Pour extrait conforme.

» Au greffe de Saint-Pons, le 10 juillet 1867.

» *Le Greffier du Tribunal,*

» G. BARTHÈS.

» Vu pour légalisation de la signature G. Barthès, greffier au tribunal, ci-dessus » apposée.

» Au Palais de Justice de Saint-Pons, le 10 juillet 1867.

» *Le Président du Tribunal,*

» MOUSTOLON Ch. »

Troisième. — *Augustin-Frédéric de Treil,* dout l'acte
de naissance, daté du 24 novembre 1813, indique que
son père avait repris la désignation de Pardailhan ([1]),
orthographiée cette fois *Pardaillian,* par inattention du
secrétaire communal. C'est Augustin-Frédéric Treil que
nous retrouverons tout à l'heure dans l'*Almanach Didot,*
l'*État présent de la Noblesse,* avec le nom seul de
Pardailhan, précédé du titre de comte, et sur les listes
électorales du 9ᵐᵉ arrondissement, avec l'appellation
unique de Pardailhan, comme si elle était patronymique.

III. — THOMAS-FRANÇOIS DE TREIL, le premier
militaire de la famille ([2]), devint lieutenant dans la compagnie des Suisses de la garde de Monsieur, frère du
roi. Son union avec JEANNE-CHARLOTTE GAUTIER DE
VINFRAIS ([3]) fut célébrée dans l'église paroissiale de
Saint-Cyr, à Villejuif ([4]), près Paris, le 16 juillet 1782.

Le contrat fut retenu quelques jours avant par M. Boutet,
notaire au Châtelet de Paris. François de Treil, père de
l'époux, profita de son voyage à Paris, où il était inconnu,
pour se dédommager des privations de son amour-propre
au lieu natal. Il s'octroya et fit appliquer sur l'acte de

([1]) Devant laquelle il avait relevé la particule.

([2]) Notes communiquées par Alexandre de Treil à Saint-Allais, en 1814. C'est de
lui que nous allons reparler.

([3]) Les Gautier de Vinfrais, comme on va le voir dans une requête adressée au
grand maître de l'ordre de Malte pour y faire admettre Joseph-Louis-Marie-
Alexandre de Treil, en 1786, étaient roturiers. Le père de Mᵐᵉ Thomas-François
de Treil, lieutenant de la prévôté générale de l'Isle de France et inspecteur général
des chasses de S. M. en la capitainerie du Louvre, devait sa position à la parenté ou
au patronage de Jeanne Poisson, femme Lenormand, marquise de Pompadour, dame
du palais de la reine, en apparence, et, en réalité, de celui du roi. La célèbre favo-
rite avait été la marraine de Jeanne-Charlotte Gautier de Vinfrais.

([4]) Presque tous ceux qui avaient des titres douteux en ce temps s'éloignaient
autant que possible de la capitale, pour aller dans les environs accomplir les actes
solennels de la vie où ils voulaient étaler des qualifications dont l'emploi à Paris,
sous les yeux de l'autorité, n'eût pas été prudent.

mariage le titre de *baron de La Caunette*, qu'il avait toujours caché à ses concitoyens.

Jeanne-Charlotte était fille de Jacques-Alexandre-Gautier de Vinfrais, dont l'humilité des offices était couverte par des titres pompeux. Ces emplois n'avaient pu encore le faire anoblir en 1787, lors de la présentation de son petit-fils, Joseph-Louis-Marie-Alexandre de Treil, dans l'ordre de Malte, comme on le verra bientôt. Quoique dépourvu de noblesse, Jacques-Alexandre-Gautier de Vinfrais était seigneur de Villeneuve et d'Ablon, à l'instar de MM. Treil, seigneurs de Pardailhan et de La Caunette. Louis-Anne Gautier de Vinfrais, comme son père, dépourvu de noblesse, était capitaine de dragons au régiment de Monsieur et lieutenant des Chasses du Roi. Le grade de François-Thomas et sa qualité de seigneur de Pardailhan ne prouvaient donc aucunement sa noblité. Nous appuierons ailleurs un peu plus sur cette question.

Du mariage de Thomas-François de Treil, lieutenant des Suisses de la garde militaire de Monsieur, avec Jeanne-Charlotte Gautier de Vinfrais, naquit, le 2 janvier 1785 :

IV. — JOSEPH-LOUIS-MARIE-ALEXANDRE DE TREIL,

qui fut baptisé à l'église Saint-André-des-Arts de Paris.

Il eut pour parrain Joseph de Treil d'Ornac, grand-oncle paternel du nouveau-né, et pour marraine une de ses tantes, Marie-Catherine Dupoy, épouse de Joachim Filleul[1], garçon de la chambre du Roi et concierge du château de Choisy, emplois, on le voit, d'un ordre très inférieur.

Les parents de Joseph-Louis-Marie de Treil, voulant racheter leur passé bourgeois, résolurent, un an après la naissance de l'enfant, de le faire recevoir de minorité dans

---

[1] Jacques-Alexandre de Gautier de Vinfrais, aïeul de l'enfant tenu sur les fonts, avait épousé Hippolyte Filleul.

l'ordre de Malte. Cette première formalité ne rencontrait jamais d'obstacles ; on les aplanissait même facilement lorsqu'il était question de faire les preuves de noble origine. La manière de la constater avait été jadis fort rigoureuse. Un ou deux frères hospitaliers se rendaient dans la ville avoisinant la résidence des auteurs de celui qui voulait être admis, et recueillaient des informations ou des dépositions sur l'ancienneté de la famille et la pureté des alliances [1].

Ce règlement, après s'être successivement détendu, était tombé en désuétude vers 1780. M. de Sémainville, en son *Code de la noblesse française*, p. 181, nous apprend « que » dans la pratique on admettait sans difficulté des fils » d'anoblis, même des anoblis et des personnes revêtues » d'offices, leur donnant la noblesse graduelle. » La charge de Thomas-François de Treil pouvait être un commencement de nobilisation. Comptant d'ailleurs sur la protection de Monsieur, il n'hésita pas à dédier son fils à la sainte milice.

Selon l'usage, le père adressa au grand-maître, le 15 septembre 1787, une supplique dont voici quelques passages :

« Cette famille n'a cessé de se rendre recommandable et » de donner des preuves de sa valeur et de son amour pour » les rois. [2] »

Une telle énonciation de titre était vague et aisée. Mal-

---

[1] D'après une ordonnance de Hugues de Revel, qui gouvernait le magistère en 1260, il fallait être de pure et ancienne extraction pour être propre à la profession de chevalier de Saint-Jean de Jérusalem. Une décision capitulaire, conformément à l'esprit des statuts, imposa aux postulants la représentation de trois quartiers de noblesse pour certaines langues. Celle de Provence était encore traitée plus sévèrement : ceux des siens qui voulaient être reçus devaient produire un arbre de consanguinité irrécusable, comprenant les bisaïeuls et les trisaïeuls paternels et maternels.

[2] Ces assurances me remettent en mémoire quatre vers de Boileau, épître V :

> Tout fier du faux éclat de sa vaine richesse,
> Déjà, nouveau seigneur, il vante sa noblesse ;
> Quelque fils de meunier, encor blanc du moulin,
> Il est prêt à fournir ses titres en vélin.

heureusement, à la queue siége le venin, et l'impétrant fut réduit à cet humble aveu :

« Ne paraissant pas remplir ce que les statuts et les d[tes]
» capitulaires exigent, le p[té] recourt très humblement aux
» bontés de Votre Altesse Eminentissime, et la supplie de
» vouloir bien lui accorder l'enregistrement d'aultres qui le
» dispensent de prouver la noblesse de Marie d'Azaïs, sa
» bisaïeule paternelle, de Marie-Jeanne de Ragon, son aïeule
» maternelle, et de Jeanne-Charlotte Gautier de Vinfrais[1],
» sa mère, et leurs ascendants paternels et maternels. »

Il était bien rare que dans une famille noble les mésalliances fussent successives durant trois degrés. Ce fait est loin de suppléer à l'absence des Treil dans les Nobiliaires officiels et de démentir notre incrédulité à l'endroit de leur origine.

La Révolution contraria les projets de M. Thomas-François de Treil relativement à la carrière de son fils, Joseph-François-Marie-Alexandre. Celui-ci, après un long célibat, obtint, en 1836, la main de mademoiselle FRANÇOISE-HENRIETTE-CAROLINE MIRLEAU DE NEUVILLE DE BLLLE-ISLE [1], de laquelle est venu :

V. — LOUIS-CHARLES-ARTHUR DE TREIL, se faisant appeler baron de Pardailhan, et demeurant à Autricourt-sur-Ource (Côte-d'Or). Il a épousé, le 8 juin 1859, mademoiselle BRUZARD. Laissons maintenant le petit neveu et revenons au grand oncle.

En 1814, Alexandre de Treil, fils cadet de François et de Marie Ragon, dressa lui-même une fantastique généa-

____

(1) La mère de M. Louis-Charles-Arthur de Treil est une Mirleau. Eh bien ! dans le contrat de mariage de son fils avec demoiselle Bruzard, le nom patronymique de Mirleau est éliminé et le surnom de Neuville de Belle-Isle s'y montre seul.

logie, et vint à Paris tenter de la faire admettre dans le *Nobiliaire universel,* publié par Saint-Allais. Celui-ci ne crut pas devoir accueillir une filiation affirmée seulement par l'intéressé ; il refusa donc l'hospitalité de son ouvrage aux Treil, déjà radicalement exclus de tous les autres. Alexandre de Treil avait, en effet, étrangement remis sur pied les générations de ses prédécesseurs, en y incorporant, sans doute malgré eux, des Truel et des Treilles, levés aux quatre points cardinaux, en un mot, tous les noms qui offraient un simulacre de ressemblance avec le sien. Dans l'énonciation des degrés disposés par Alexandre de Treil, on trouve, personnifiant le 13ᵉ, un Pierre de Treilles, qualifié écuyer, qui, le 7 juillet 1392, reçut des lettres du seigneur de Folleville, conseiller du roi et garde de la prévôté de Paris. L'original de cet acte, d'après le généalogiste, était alors conservé aux archives de Saint-Martin-des-Champs. Avant d'admettre que ce Pierre de Treilles fût un Treil, il eût été essentiel de fixer, non pas son existence, mais son identité, par des documents irrécusables. Cette précaution ayant été oubliée, dut indisposer Saint-Allais.

Dans cette échelle ascendante, Alexandre de Treil négligea, volontairement peut-être, de rappeler que son grand-père avait longtemps été fermier général du clergé, situation incompatible avec la noblesse. En revanche, il constata avec soin le nombre de ses possessions et titres équivoques. En résumé, les Treil, Truel, Treilles, dans cette notice, montent les uns sur les autres à califourchon, et leur affinité ploie, s'affaisse et se rompt à la moindre secousse critique. Non content d'avoir élevé ces étages filiatifs de plâtre et d'argile, Alexandre Treil ajoute :

« Il paraît, par un acte de l'année 1323, tiré des archives » du Bureau des finances de la généralité de Montauban, » au chapitre de la comté de Rhodez, que la commanderie

» de Drulhe possédait à cette époque et possède encore
» aujourd'hui des biens qui lui ont été donnés par frère
» Guillaume de Treil. L'ordre de Malte avait dans son
» sein, dans le xive siècle, frère Guillaume de Treil, que
» des recherches *pourraient peut-être réunir à la famille*
» *de Treil.* »

Je dois savoir gré à M. Alexandre de Treil de n'avoir
pas été plus affirmatif dans l'appropriation du Guillaume ci-
dessus, car les parents de Joseph-Louis-Marie-Alexandre de
Treil avaient été beaucoup plus tranchants en 1787. Dans
la requête adressée au grand-maître de l'ordre de Malte,
pour obtenir dispense de trois degrés qui faisaient défaut
au postulant, leur fils, en ligne maternelle, ils firent valoir
que Guillaume de Treil, son ancêtre prétendu de 1323, avait
fait partie de la même institution.

Nous demandons que la légitimité de ce personnage et de
plusieurs autres, comme Treil, soit établie par des preuves
en due forme. Pour notre esprit prévenu, ce Guillaume
Treil ne pourrait être qu'un de Treille ou de la Treille, issu
d'une race tout à fait distincte des Treil, et apanagée de
plusieurs fiefs dans les environs de Lodève, c'est à dire à
proximité de la commanderie de Drulhe. Sa noblesse et son
rang de marquisat ont été reconnus par plusieurs arrêts de
maintenue; de plus, d'Hozier leur a consacré une notice dans
son *Armorial de France,* ce qu'il n'a pas songé à faire pour
les Treil.

Des lettres sans suscription se trouvant égarées dans les
autres papiers de famille, Alexandre de Treil les porta à
son actif nobiliaire, en se disant sans doute : Elles doivent être à nous. C'est ce qui ressort de deux articles de
son relevé de titres domestiques, communiqués à Saint
Allais : « *Lettre du roi Henri IV à M. de Treil.* Par la
» date de la lettre, elle ne peut avoir été écrite qu'à Jean

» de Treil, qui à cette époque existait; elle est datée du
» 14 octobre 1578 ([1]). » L'article qui suit est encore plus
conjectural : « *Autre lettre signée Charretier, et datée du*
» *camp devant Pozolles,* paraît avoir été adressée à Jean
» de Truel. La souscription *(sic)* est malheureusement
» perdue. » Cette façon de produire les preuves ne sera
pas tout à fait la nôtre.

La généalogie étagée par Alexandre de Treil fut proposée,
nous l'avons dit, à Saint-Allais avec prière de l'enrichir de
ses recherches particulières. Cette démarche est attestée
par la lettre suivante d'Alexandre Treil, dit Pardailhan, dont
la main avait également écrit toutes les notes domestiques
que nous venons de contrôler :

« Du 9 juin 1814.

» Étant retenu, Monsieur, chez moi par la goutte, et désirant
» repartir dans peu pour ma province, je vous prie de me faire
» savoir si vous avés trouvé ce que vous m'aviés promis de cher-
» cher sous les noms de Treil, Trœl ou Truel, car dans nos actes
» anciens, dont une partie est en latin et en patois, nous portons
» indistinctement ces trois noms, selon les temps où ils ont été
» passés; dans le cas que vous n'ayés rien trouvé, veuillés me
» renvoier la pièce que je vous ai laissé, pour que je puisse faire
» venir avant mon départ les origineaux.

» J'ai l'honneur d'être avec les sentiments les plus distingués,
   » Monsieur,
     Votre très humble et obéissant serviteur
       » Alx de TREIL PARDAILHAN,

» Chez M. de Calvet, au Corps législatif. »

([1]) Du moment que vous enchevêtrez les Treil, les Treilles et les Truel, et que
vous n'avez aucune certitude de leur individualité, pourquoi ce Jean de Treil ne
serait-il pas un descendant de ces Treille ou de La Treille qui figurent sur l'état
des gages des officiers du Parlement de Toulouse, année 1459, d'après l'*Histoire
Languedoc,* t. V, p. 20?

Je veux bien croire que les originaux ne furent pas difficiles à trouver. Toujours est-il qu'on ne dut pas les expédier à Saint-Allais, puisqu'il ne les a pas introduits sous forme de notice dans ses ouvrages. Si on les a conservés jusqu'à présent, ils pourront servir dans la circonstance. Je dois toutefois prévenir nos adversaires, que pour légitimer la succession filiative, la justice n'accepte ni les quittances, ni les hommages, ni les montres, ni les convocations du ban et de l'arrière-ban (¹). Ces pièces, surtout avec la disparité du nom, n'établiraient jamais que les Treil sont en même temps des Truel et des Treilles. Les actes que nous repoussons n'ont qu'une valeur accessoire ; ils ne font qu'appuyer ceux qui démontrent la descendance, comme les testaments, les contrats de mariages, les extraits baptistères ou obituaires, les actes de partage, etc.

Si une telle production eût été possible, Thomas-François de Treil n'eût pas manqué d'accourir en 1789 à l'assemblée du bailliage de Béziers. Il ne devait pas être en règle, puisqu'il s'abstint d'y paraître en personne, ou d'y faire occuper sa place par un mandataire, venant, selon l'habitude, prouver la qualité du mandant, apporter son vote et ses vœux. Je veux présumer néanmoins qu'il fut sur la voie d'être anobli par le métier des armes ; alors il commençait la noblesse des siens, et ne pouvait se prévaloir de la vieille extraction, nécessaire à la prise d'un rang territorial.

Alexandre signait : DE TREIL-PARDAILHAN. Les fils ou neveux se sont ensuite titrés, selon leur caprice, tantôt barons, tantôt comtes. Ils ne se sont pas arrêtés à mi-chemin dans ces changements progressifs ; un beau matin ils ont employé une recette inverse, en supprimant le nom

---

(¹) A moins que ces actes ne relatent deux degrés.

originel et en maintenant celui de Pardailhan, autrefois, dira-t-on, distinctif d'une branche. Cette assertion est si peu fondée, que les Treil, appartenant aux rameaux de Lavallongue et de Saint-Martial, au lieu de conserver la désignation terrienne qui les spécialisait, la répudièrent et prirent à leur tour celle de Pardailhan. De cette manière, le surnom qui devait particulariser les diverses descendances de la famille n'a servi qu'à les mêler et les confondre.

Le Tribunal de la Seine, le 14 novembre 1865, a condamné M. d'Arblade pour des tentatives analogues sur le nom de Pardaillan. Cet exemple n'a point découragé MM. Treil, et ils ont persisté à se dire Pardailhan ou Pardaillan tout court, dans les correspondances, Dictionnaires d'adresses, lettres de faire part, et sur les listes électorales. Ainsi l'*État présent de la noblesse* nous révèle l'existence d'un *comte de Pardaillan* (avec deux *ll*), demeurant à Paris, rue de Douai, 69, et celle d'un baron de Pardailhan, résidant à Autricourt-sur-Ource (Côte-d'Or) (¹). L'almanach Bottin enregistre les mêmes noms et les mêmes titres, sans faire mention de l'appellation patronymique, qui est Treil.

Confrontez le prétendu comte de Pardailhan, qui figure parmi les électeurs du neuvième arrondissement sous ce dernier nom, mais cette fois sans le titre; confrontez-le, dis-je, avec son certificat de naissance, et aussitôt le masque tombe, laissant à découvert la personne d'Augustin-Frédéric de Treil, fils de Jean-Alexandre-Vincent de Paule de Treil, dit de Pardailhan, et de Magdelaine Gros. Nous l'avons vu naître, le 24 novembre 1813, au château de La Caunette, département de l'Hérault. Ce travestissement l'a fait prendre plus d'une fois pour le réclamant, dont la sim-

---

(¹) Il est inscrit sur les listes électorales de cette mairie avec le nom de Pardailhan depuis 1860.

plicité et la retraite semblent garantir l'impunité à ses plagiaires.

Armand de Treil de Pardailhan, capitaine adjudant-major au 8ᵉ régiment de dragons, frère du précédent, est rangé au T (Treil) dans la table de l'annuaire militaire de 1850. Sur celle de 1862 cet officier ne se trouve plus qu'au P, c'est à dire au mot Pardailhan, pages 540 et 631. A partir de 1862, le dernier nom occupe le premier plan, tandis que celui de Treil est relégué au second ; même phénomène dans l'édition de 1867, où on le trouve avec le grade de colonel de gendarmerie à Toulouse.

Le baron de Pardailhan du *Dictionnaire du commerce* et de l'*État présent de la noblesse* n'est autre que M. Louis-Charles-Arthur de Treil, né de Joseph-Louis-Marie-Alexandre de Treil, dit baron de Pardailhan, et de demoiselle Françoise-Henriette-Caroline Mirleau de Neuville de Belle-Isle. Son domicile politique est Autricourt-sur-Ource (Côte-d'Or), où il possède le château de ce nom et une usine de scierie hydraulique, appartenant, dit l'*Almanach du commerce,* à M. le *Baron de Pardailhan.*

Quant à M. de Treil, habitant La Caunette, arrondissement de Saint-Pons, il ne répond qu'au nom de Pardailhan, dont il a renouvelé le lustre par un grand commerce de navets (¹).

Les indicateurs en question nous donnent comme Pardailhan authentiques ceux qui sont simplement des Treil (²), rien que des Treil. Le véritable Pardaillan, éclipsé par ses faux homonymes et dissimulé par sa vie modeste, n'est énoncé nulle part. Ceux qui le parodient savent très bien que par cette supercherie dans leurs actes extérieurs, ils

---

(¹) Après plus ample informé, il sera à son tour introduit dans la poursuite, ainsi que M. Henri-Jean-Baptiste-Charles de Treil.

(²) Cette usurpation flagrante appartient à la catégorie de celles qui, d'après le législateur de 1858, ne sont susceptibles ni d'erreur ni d'illusion, « dont le jour et » l'heure peuvent être indiqués, que rien n'explique et ne justifie. »

ont l'avantage de personnifier en apparence une race chevaleresque et de traîner après eux une sorte de légende
glorieuse.

On va voir, par la teneur d'un jugement significatif, que
MM. Treil auraient pu se tenir pour avertis et se réfugier
dans la prudence. De cette façon, ils eussent évité à M. le
comte de Pardaillan l'ennui d'une instance nouvelle. Puisqu'ils l'ont provoquée, que leur volonté soit faite, et qu'ils
méditent la sentence ci-après!

« *JUGEMENT rendu par la première chambre du Tribunal civil de la Seine*
» *en faveur de M. le comte* Jules de Pardaillan *contre M.* Louis-Jacques
» d'Arblade. (Étude de Mᵉ Benoist, avoué, rue Saint-Antoine, 110.)

» D'un jugement contradictoire, rendu par la première chambre
» du Tribunal civil de première instance de la Seine, le 10 no-
» vembre 1865, enregistré et signifié ;

» Entre M. Pierre-Joseph-Théodore-Jules, comte de Pardaillan,
» propriétaire, demeurant au château de Gignan, commune de
» Lupiac, arrondissement de Mirande, département du Gers,
» demandeur ;

» Et M. Louis-Jacques-Auguste d'Arblade, propriétaire, demeu-
» rant à Paris, rue des Lavandières-Sainte-Opportune, n° 10,
» défendeur ;

» Il appert avoir été extrait ce qui suit :

» Attendu qu'il résulte des documents produits aux débats, que
» *d'Arblade n'a aucun droit à prendre les noms, titres et armes*
» *soit de comte de Pardaillan*-Gondrin, soit de duc d'Antin ;

» Que, d'ailleurs, il le reconnaît lui-même formellement ;

» Qu'il y a lieu de lui donner acte de ladite reconnaissance ;

» Attendu que le fait, par d'Arblade, *d'avoir pris les noms,*
» *titres et armes sus-énoncés, a occasionné à de Pardaillan un*
» *préjudice dont il lui est dû réparation ;*

» Que le tribunal a les éléments nécessaires pour déterminer
» ladite réparation ;

» Mais qu'il y a lieu de tenir compte de la satisfaction immé-
» diate qui a été donnée par d'Arblade, dès le début de l'instance,
» aux réclamations de Pardaillan ;

» Par ces motifs :

» Donne acte à d'Arblade de ce qu'il est prêt et fait offre de
» renoncer à faire suivre son nom de ceux de comte de Pardaillan-
» Gondrin et de duc d'Antin, comme aussi de faire disparaître
» partout où besoin sera les titres ci-dessus ;
» Et pour les cas où d'Arblade n'exécuterait pas volontairement
» lesdites offres,
» Autorise, en tant que de besoin, de Pardaillan à faire dispa-
» raître les titres de comte de Pardaillan-Gondrin partout où ils
» ont été ajoutés au nom de d'Arblade, et ce notamment dans
» l'inscription placée sur la tombe de dame d'Arblade ;
» *Ordonne la destruction de tout exemplaire du Nobiliaire rédigé*
» *par le sieur de Magny* qui pourra être saisi, et dans lequel les
» titres sus-énoncés seront attribués à d'Arblade ;
» Ordonne l'insertion des motifs et du dispositif du présent
» jugement dans deux journaux du département du Gers, au choix
» de Pardaillan ; et dans le cas où il n'existerait qu'un seul jour-
» nal dans ledit département, dit que les deux insertions auront
» lieu successivement dans ce journal ;
» Condamne d'Arblade aux frais desdites insertions pour tous
» dommages-intérêts ;
» Le condamne, en outre, en tous les dépens, dont la distrac-
» tion est faite au profit de Benoist, avoué, qui l'a requis aux
» offres de droit.
» Fait et jugé par MM. Benoît-Champy, commandeur impérial
» de la Légion-d'Honneur, président ; Bedel, vice-président ;
» Delesveaux, Loriot de Rouvray, Jolly, Huguier, Millet, juges ;
» En présence de MM. Thureau et Simon, juges suppléants, et
» Aubépin, substitut de M. le procureur impérial ;
» Le vendredi 10 novembre 1865.
» Mandons et ordonnons à tous huissiers, sur ce requis, de
» mettre ledit jugement à exécution ;

» A nos procureurs généraux et à nos procureurs près les tri-
» bunaux de première instance, d'y tenir la main ;

» A tous, commandants et officiers de la force publique, d'y
» prêter main-forte lorsqu'ils en seront légalement requis.

» En foi de quoi, le jugement a été signé par M. le Président
» et par le greffier.

» Enregistré à Paris, le 20 novembre 1865, f° 193, case 8, reçu
» 10 fr. 35 c. D. C. C.

Signé : LEBLOND.

Par le tribunal :

Signé : SMITH.

Cette décision judiciaire (¹), je le répète, aurait dû être
instructive pour MM. Treil, et faire écarter de leur nom
celui de Pardailhan, qui n'a jamais pu leur appartenir. Leur
conduite a été toute contraire : le malheur de M. d'Arblade
n'a fait qu'exalter leur courage ; ils ont plus que jamais
adopté le nom de Pardailhan, en ayant soin presque toujours
de chasser le mot Treil du voisinage. Plusieurs de ceux qui
connaissaient le passé de nos adversaires, se sont demandé
comment Pardailhan avait pu naître de Treil. Ils ont dû
se faire cette réponse : *Alfana* vient d'*equus,* quoique bien
changé sur sa route. Ces métamorphoses ne sont pas rares,
et on peut éternellement redire avec opportunité le mot de
Montesquieu : « Aujourd'hui, on ne reconnaît plus ni les
hommes à leurs noms, ni les femmes à leurs visages. »

Un membre de notre diplomatie, s'appelant Marcel Chevalier, substitua son prénom à son nom en les transposant.
Ces substantifs propres furent accrus plus tard du vocable
de Saint-Robert, auquel la qualité de chevalier resta toujours
adhérente ; mais le nom de Marcel fut à jamais banni.

(¹) Depuis ce jugement, deux Bordelais ont demandé à M. le Ministre de la
Justice l'autorisation d'ajouter à leur nom patronymique celui de Pardaillan.
La réponse de M. le Garde des Sceaux a été négative.

M. de Coston fait à ce propos cette juste réflexion : « On se
» canonise de son vivant, pour entrer dans le paradis nobi-
» liaire. » M. Marcel Chevalier n'est plus désigné maintenant que par les noms de Chevalier de Saint-Robert. *Quan-
tum mutatus ab illo?*

M. Marqués de T...., qui était d'origine espagnole,
a converti son nom patronymique en qualification ; l'opéra-
tion, toute simple, a consisté dans le remplacement de l'*é*
par un *i*. De cette façon Marqués est devenu marquis.

Nous avons cité ces deux exemples pour édifier sur les
divers stratagèmes qui conduisent à la transformation des
noms de famille.

M. le comte Théodore-Jules de Pardaillan depuis lon-
gues années n'était point sorti de ses terres. Le procès
d'Arblade même ne put le décider au voyage de Paris. Son
existence retirée était, pour ainsi dire, impénétarble aux
bruits du dehors. Il fut néanmoins informé que son nom et
son titre circulaient dans les salons parisiens sous une autre
figure que la sienne. Son soupçon tomba sur Henri-Jean-
Baptiste-Charles de Treil, fils de François-Joseph-Martial de
Treil et de Julie-Henriette Rose, né le 13 mai 1832, à
Paris. Il avait été élevé au collége de Pontlevoy, dans la
ville même où le véritable comte de Pardaillan s'était
marié avec une fille du marquis d'Aux. Les camarades du
jeune Treil, ne le connaissant que par le nom de Pardailhan, lui demandèrent plus d'une fois s'il était membre
de la vieille souche de Gascogne, ce qui dut l'embarrasser
un peu.

Henri de Treil, se disant de Pardailhan, quitta le collége
en 1849 ; depuis lors il s'est toujours produit dans le monde
sous la dénomination d'autrui.

Son domicile et celui de son père nous sont inconnus.
Nous saurons, en temps opportun, si ces Messieurs et

ceux qui résident ou résidaient naguère à la Caunette ne sont pas les mêmes.

M. le comte Théodore-Jules de Pardaillan, qui croyait être l'unique survivant de sa maison, marchait de surprise en surprise; il n'était pas au bout. Une dame vint un jour lui assurer qu'un colonel de gendarmerie, du nom de Pardailhan, passant la revue d'une brigade dans les cantons d'Aignan ou de Plaisance, se serait flatté d'avoir des domaines à proximité de Lupiac ([1]), où il ne possède et n'a jamais possédé un brin d'herbe. Les propriétés du consultant sont comprises dans cette commune ou ses environs. Intrigué par cette communication, M. le comte Théodore-Jules de Pardaillan recueillit d'autres renseignements, et il apprit que le colonel de gendarmerie, originaire de Saint-Pons dans l'Hérault et commandant la treizième légion à Toulouse, se nommait Armand de Treil, mais se faisait autant que possible appeler Pardailhan. Le plaignant dut penser que la famille du Languedoc avait organisé un complot entre tous ses membres pour supplanter la sienne. Il voulut savoir sur quels éléments elle fondait ses manœuvres. C'est alors que M. le comte Théodore-Jules de Pardaillan, dont j'avais été le conseil dans l'affaire en usurpation contre M. d'Arblade, me donna mandat d'écrire en son nom à MM. Treil dans le but de connaître la raison de leur homonymie avec le consultant. Une telle démarche était trop délicate pour ne pas être accomplie avec précaution. Ma courtoisie prit le prétexte d'une notice historique sur la maison de Pardaillan; de cette façon, je pus demander, non sans ironie, à MM. de Treil, par quelle attache ils se nouaient à la race des Pardaillan.

M. de Treil, d'Autricourt-sur-Ource, dit baron de Par-

([1]) Ces propos, du moins, lui ont été attribués.

dailhan, me fit une réponse prudente, car le procès d'Arblade ne lui permettait pas de se méprendre sur le motif de notre ouverture. Il reconnut ne point appartenir à la famille du demandeur, ce qui ressortait, selon lui, d'une différence d'orthographe, peu sensible pourtant, puisque le second *l* de Pardail*l*an, converti en *h*, fait Pardail*h*an. Nous n'aurons pas grand'peine à démolir ce frêle argument dans un paragraphe réservé à cette question philologique.

Je mis la même urbanité dans ma lettre à M. Armand de Treil, colonel de gendarmerie, mais je ne lui dissimulai pas que le véritable de Pardailhan n'était pas du tout édifié sur la métamorphose des Treil en Pardaillan, et sur certains propos tendant à faire présumer la communauté d'origine. Quelques jours après, je recevais la lettre ci-après de M. Armand de Treil, qui signait cavalièrement DE PARDAILHAN ; il le justifiait par son cousinage avec son proche d'Autricourt, qui avouait être étranger à la famille de Gascogne.

« *Toulouse*, 2 décembre 1866.

» MONSIEUR,

» Permettez-moi, tout au moins avant tout, de vous dire que j'ai » lieu d'être très surpris de la démarche personnelle que vous avez » été chargé de faire près de moi.

» Pour répondre cependant à votre désir, je crois devoir vous » assurer que je n'ai jamais eu d'intérêt, directement ou indirec- » tement, à rechercher d'autre parenté que celle de M. le baron » de Pardailhan, représentant de la branche aînée de ma famille, » demeurant au château d'Autricourt, près de Châtillon-sur-Seine » (Côte-d'Or). Son père, mon cousin germain, vendit, en 1827, la » terre de Pardailhan, située près de Saint-Pons (Hérault).

» Je désire que ces renseignements puissent vous être agréables » ainsi qu'à vos intéressés.

» Recevez, monsieur, l'assurance de ma considération distinguée.

» *Le Colonel,*
» A^d PARDAILHAN. »

3

M. le comte Jules de Pardaillan vit dans cette signature une sorte de défi. Il observait avec raison : Si MM. de Treil n'ont aucun intérêt à rechercher ma parenté, comme ils le déclarent, pourquoi s'appellent-ils de Pardailhan, quand le nom de leur famille est Treil? Est-ce pour le plaisir de répudier leurs auteurs qu'ils agissent de la sorte? Il est évident qu'ils obéissent à un mobile dénoncé en trois lignes par M. de Tourtoulon : « Tel usurpe un nom ou un titre pour » laisser croire que sa famille a rendu des services au pays, » ou occupé des fonctions importantes dans l'État (¹). »

L'indignation du demandeur contre M. Armand de Treil qui avait osé, à sa barbe, se poser en Pardailhan, ne fut point calmée par l'attitude de M. de Treil, demeurant à Paris, rue de Douai, 69, et se disant comte de Pardailhan partout ailleurs que sur les listes électorales, où il avait négligé le titre, mais non pas le nom. M. Auguste-Frédéric Treil, le pseudo-Pardailhan, refusa obtinément toute explication; elle eût été, je le reconnais, très malaisée et très pénible à fournir. Son silence était d'autant plus accusateur, que nous avions en main la preuve de son usurpation : celle-là et les autres ont déterminé les mesures tutélaires que nous prenons aujourd'hui.

Maugard, dans son *Projet de réforme sur la noblesse,* demandait la formation d'un tribunal héraldique, dont la présidence aurait été dévolue aux maréchaux de France. Il voulait, en outre, que les cavaliers de la maréchaussée se prêtassent de bonne grâce à porter les ordres et les assignations. Si cette magistrature spéciale était aujourd'hui en fonctions, il serait piquant de faire tenir la citation du poursuivant au colonel de gendarmerie par un de ses subordonnés, et certainement nous n'hésiterions pas à le faire;

(¹) *L'Hérédité de la Noblesse,* par M. Ch. de Tourtoulon, broch. in-12, p. 14.

la méconnaissance des lois par ceux qui sont préposés à sa garde doit être d'autant plus sévèrement punie ([1]).

De cette notice sur la famille de Treil et de l'exposé des faits qui l'accompagnent, il résulte déjà que les prétentions de nos adversaires sont gigantesques et les droits nuls. Cette démonstration sera encore plus concluante à mesure qu'on avancera à travers ce Mémoire.

III

M. LE COMTE PIERRE-JOSEPH-THÉODORE-JULES DE PARDAILLAN A QUALITÉ POUR POURSUIVRE LES USURPATIONS DES NOMS, ARMES ET TITRES DE SA MAISON.

M. le comte Jules de Pardaillan croirait être infidèle à son devoir s'il laissait passer, sans protestation et sans opposition, les manœuvres dirigées contre son nom de Pardaillan et les autres attributs historiques d'une famille qu'il résume aujourd'hui.

Son droit découle de cette vieille maxime que Schoier, en son *Estat et comportement des armes,* page 29, dit s'étendre aux branches aussi bien qu'aux individus : « Primo defuncto et excluso, secundus sequens dicitur » primus, et tertius sequens dicitur secundus et sic de » singulis ([2]), etc... »

([1]) La notoriété publique ne semble pas avoir encouragé MM. Treil, dont le nom de Pardailhan a été l'objet de maintes malices. Plus d'un ami de la famille a répété que le nom de Treil était assez honorable pour pouvoir se passer de ce luxe supplémentaire.

([2]) Les *Commentaires sur les coutumes générales de la ville de Bordeaux et pays bordelois* font prédominer les mêmes principes : « Que si l'aîné répudie » l'hérédité simplement, le second entre en son lieu et place pour jouir des préro- » gatives d'aînesse, comme fut jugé à Paris, président M. Séguier, le 13 août 1567, » entre Robert de Barles, au lieu de Françoise de Rat, Nicolas Masson et la veuve Jean » de Rat, et autres héritiers de Bertrand Rat et de demoiselle Françoise Rouyer. »

M. le comte Jules de Pardaillan peut encore fonder sa
poursuite sur une doctrine de jurisprudence ancienne dont
nous empruntons le texte à Guyot : « Il n'est pas plus per-
» mis de vendre son nom que d'en prendre un autre que
» celui de sa famille. Le nom est une propriété inaliénable
» de chaque famille et de chaque maison. Il suffit, pour
» jouir de cette propriété, d'être descendant mâle de la
» race qui porte le nom, et il ne faut point y joindre la
» possession des biens qui ont appartenu à ceux qui ont
» porté les premiers ce nom, parce que le nom est attaché
» à la naissance et qu'on le reçoit indépendamment de la
» fortune. »

« Lorsque le roi permet à quelqu'un de porter le nom
» et les armes d'une maison dont il ne descend pas par les
» mâles, on insère presque toujours dans les lettres-patentes
» qui accordent cette grâce, *sauf notre droit en autre chose,*
» *et l'autrui en tout.*

» Cette clause conserve les droits des intéressés et les
» autorise à former opposition à l'enregistrement des let-
» tres-patentes.

» Les précautions prises pour assurer à chaque citoyen
» son véritable nom ont toujours été regardées comme fort
» importantes à l'ordre public. Aussi, dans tous les temps,
» les Tribunaux se sont empressés de punir les usurpateurs
» de nom ([1]). »

Les maximes du droit, relativement au nom de famille,
ont été dans l'ancien répertoire ainsi résumées par Merlin :
« Le premier principe est que le nom et les armes d'une
» famille noble appartiennent à la famille privativement et
» à l'exclusion de tout autre. » MM. Treil doivent comprendre la légitime réclamation de M. le comte Jules-

---

([1]) *Répert. de jurispr.,* par Guyot, in-4°, 1784, t. XII, p. 168.

Théodore de Pardaillan, sans qu'il soit utile d'ajouter aucun commentaire à l'opinion de Merlin.

Il n'est point permis à un étranger, acquéreur d'une terre dont le nom est celui d'une famille, de se l'approprier. Cette opinion fut celle du Conseil d'État, qui le décida dans un arrêt du 13 décembre 1815.

Dalloz rapporte, vol. 32, p. 511, un arrêt de la cour de Douai, rendu le 26 décembre 1835, dans l'affaire Leleux, qui conclut en notre faveur : « La famille, dans » l'ordre social, n'étant légalement constituée que par » l'institution du mariage, le nom de famille est une pro- » priété dont en général on ne peut jouir qu'en vertu de sa » filiation (1), à laquelle même l'état ne pourrait porter » atteinte sans l'aveu de la famille. »

Passons à l'examen des titres qui fixent l'identité de M. le comte PIERRE-JOSEPH-THÉODORE-JULES DE PARDAILLAN comme membre et descendant mâle de la maison de Pardaillan. A la suite de cette constatation, sa qualité de demandeur sera irrécusable.

« A l'égard de la filiation (dit le P. Ménestrier), les titres » que l'on produit sont les extraits de baptesme, ou le nom du » père et de la mère sont toujours énoncez, et font foy que » celui qui a esté présenté au baptesme est fils de tel ou » de telle. Les contrats de mariage font voir que cette » filiation est légitime, parce que ce tel et cette telle ont » licitement et validement contracté l'un avec l'autre selon » les formes usitées... Les testaments sont aussi des preuves

---

(1) Le nom est une propriété commune à tous les rejetons de la famille, et cha- cun d'eux isolément a le droit et le devoir de le garantir des surprises et des intrusions. C'est dans ce sens que le Conseil d'État formulait son avis le 9 août 1861 : « Considérant que le nom du chef de famille s'impose à sa descendance; qu'ina- » liénable, indivisible, collectif, il ne se transmet pas, mais qu'il saisit tous les » membres de la famille à leur naissance; qu'on l'acquiert en entrant dans la » famille par l'adoption; que, dès lors, il appartient à la famille tout entière, et » que les individus qui la composent le portent en vertu de leur affiliation. »

» de filiation, parce qu'un père est obligé d'appeler tous
» ses enfants vivans dans son testament. »

Despeisses prescrit la même chose, en d'autres mots,
pour fixer authentiquement la descendance. En vertu des
arrêts du Conseil d'État, édictés le 19 mars 1667 et le
26 février 1697, les nobles qui voulaient être inscrits sur
le catalogue des véritables gentilshommes et maintenus
dans leurs priviléges, étaient tenus de faire une représentation d'actes analogues aux nôtres. De semblables pièces
faisaient également autorité pour l'admission dans les écoles
militaires. Aujourd'hui encore, depuis la loi du 28 mai 1858,
elles sont considérées comme la base des jugements de
rectification et des décisions du conseil du sceau.

Quatre générations une fois gravies, le rameau des
Pardaillan-Gondrin, de Saint-Orens et du Pimbat se raccorde et s'incorpore à celui de Las, sorti de la branche de
Caumort, issue elle-même de celle de Gondrin et d'Antin,
devenue ducale en 1711, par lettres-patentes de Louis XIV.

Cette jonction opérée, le P. Anselme nous prend par la
main et nous guide dans notre marche reculante jusqu'aux
extrémités de la filiation authentique, qui part de 1230.
En route, il nous montre les branches se reliant au tronc,
et les Pardaillan de Gondrin, de La Mothe, de Caumort,
d'Ardens, de Las, de Saint-Orens, de Pimbat, de Civrac, etc.,
ayant une origine commune. Nous entrons dans la voie
contentieuse surabondamment pourvus de témoignages
écrits; mais les plus nécessaires vont être seuls enregistrés
ci-dessous :

ACTES CONCERNANT M. PIERRE-JOSEPH-THÉODORE-JULES
DE PARDAILLAN.

—— *Extrait de l'État civil de la commune de Lupiac, relatif à
la naissance de* M. PIERRE-JOSEPH-THÉODORE-JULES DE PARDAILLAN,

fils de noble Joseph de Pardaillan et d'Émilie-Étiennette-Caroline du Souilh ([1]).

—— *Ordre de Monseigneur de Berry, d'autoriser M. le comte* Pierre-Joseph-Théodore-Jules de Pardaillan *à porter la décoration de la fleur de Lys* ([2]).

—— *19 juin 1844. Acte de décès de M*[me] *d'Aux (Elvire-Agathe-Josèphe), demeurant à Pontlevoy, épouse de M. le comte* Pierre-Joseph-Théodore-Jules de Pardaillan *et fille de M. le marquis d'Aux et de la marquise de Meloizes.*

ACTES CONCERNANT LE PÈRE, L'AIEUL ET LES GRAND-ONCLES
DU CONSULTANT.

—— *Extrait des registres baptistères de la paroisse d'Ardens, prouvant que le seul prénom de* Joseph *fut donné au père du consultant.*

Nous le transcrivons pour faire comprendre le jugement du tribunal de Mirande, indiqué plus loin :

« L'an 1777, le 25 septembre, est né noble Joseph de Pardail-
» lan, fils légitime de noble Joseph de Pardaillan et de noble
» Marie-Anne de Ferragut, mariés, seigneurs de Pujos et de Saint-
» Martin ; il a été baptisé dans l'église de Pujos le même jour ; et
» attendu qu'il a été dédié à l'église, il a été tenu sur les fonts
» par Joachim Laffont, margulier, et par Magdelenne Doulet,
» prieure de l'église, qui n'aiant su signer, se requse, si bas le
» père du dit enfant, qui a signé avec nous. Pardaillan, signé.
» d'Aurigue, vicaire, signé ([3]). »

([1]) Expédition authentique portant les signatures et les sceaux officiels.

([2]) *Archives du château de Gignan* (Gers). Titre original.

([3]) *Cet extrait fut délivré, le 13 prairial an* iv, *par Clarac, agent municipal, comme le témoigne l'apostille ci-dessous :*
« Nous, Prothaise Clarac, agent municipal de la commune d'Ardens, en cette
» qualité chargé de rédiger les actes de naissances, mariages et décès, et de les

—— *Ordre du comité de sûreté générale de mettre en liberté le sieur* DE PARDAILLAN, *encore détenu le 23 frimaire an* III *de la République française.*

—— *Extrait de l'État-civil d'Aire, constatant le mariage de* JOSEPH DE PARDAILLAN, *avec demoiselle* ÉMILIE-ÉTIENNETTE-CAROLINE DU SOUILH, *le quinze thermidor an* IX ([1]).

Ces pactes n'énoncent pour l'époux que le prénom de Joseph, ce que nous établissons encore pour expliquer le jugement rectificatif du Tribunal de Mirande.

—— *Expédition du contrat de mariage du même et de la même,* confirmative, par conséquent, de l'acte qui précède.

—— *Jugement du Tribunal de Mirande, qui, se conformant à ces deux susdits titres, rectifie et supprime les prénoms de Joachim et d'Achille* ([2]), *faussement attribués à* JOSEPH DE PARDAILLAN *père, dans l'acte de naissance de son fils, et dans celui de son propre décès.*

Le même acte fixe l'identité de Joseph de Pardaillan et de dame Émilie-Étiennette-Caroline du Souilh. Ces deux

---

» expédier, atteste, à celui qui appartiendra, le présent conforme à la vérité.
» Ardens, le 13 prairial an IV de la République française une et indivisible. CLARAC,
» agent municipal. Sa signature est légalisée par les administrateurs de Vic-
» Fezensac, qui étaient : *Cassaignolles, Rivière, Chano.* »

([1]) Du quinzième jour du mois de thermidor, l'an IX de la République française.
» Acte de mariage de JOSEPH PARDAILLAN, âgé de vingt-quatre ans, né à Ardens,
» département du Gers, le 25 du mois de septembre 1777, profession de proprié-
» taire, demeurant à Gignan, département du Gers, fils légitime de Joseph Par-
» daillan, demeurant à Gignan, département du Gers, et de Marie-Anne de Ferragut,
» et de ÉMILIE-ÉTIENNETTE-CAROLINE DU SOUILH, etc.
Copie conforme délivrée, le 28 mai 1862, par Ducams, maire d'Aire, et légalisée par la Justice de paix du même lieu, le même mois et an.

([2]) Le prénom d'Achille lui fut donné par la duchesse d'Uzès, qui trouvait celui de Joseph trop prosaïque. Il lui fut religieusement conservé par sa famille : aussi le retrouve-t-on deux fois dans deux circonstances solennelles de sa vie. Quant à celui de Joachim, le lecteur a deviné qu'il lui venait du sacristain. Le nouveau-né ayant été offert à l'Église et tenu sur les fonts par le marguillier Joachim, on dut croire qu'il lui avait passé son prénom, ce qui ne pouvait être, puisqu'il n'était que parrain de forme et non pas de fait.

époux n'avaient eu de leur mariage qu'un seul enfant, Pierre-Joseph-Théodore-Jules de Pardaillan. L'erreur d'inscription que nous venons de signaler était donc facile à redresser. D'abord tous les parents étaient sur les lieux, et ensuite l'acte de notoriété, qui servit de base au susdit jugement, établissait que la famille était héréditairement connue dans le pays, et que son nom n'y appartenait à aucune autre. La copie, en due forme, de la sentence du Tribunal de Mirande a été enregistrée le neuf avril 1862.

—— *Procuration de* Joseph de Pardaillan *à* Pierre de Pardaillan, *son frère, ancien officier, pour assister à la célébration du mariage de* Joseph de Pardaillan, *fils du premier Joseph et père du poursuivant, avec* Émilie-Étiennette-Caroline du Souilh, *habitante de la commune d'Aire, département des Landes.* (Ce mandat fut donné pardevant le notaire public de Castelnau-d'Anglès, et enregistré à Vic-Fezensac, le treize thermidor an IX.)

—— *Certificat du maire de la commune de Lupiac, constatant que la publication de mariage de* Joseph de Pardaillan *et d'*Émilie-Étiennette-Caroline du Souilh *a eu lieu devant la porte extérieure de la commune de Lupiac, le trente messidor an* IX.

—— *Quittance de quatre mille francs, en principal et intérêts d'icelle, pour* Joseph de Pardaillan *et dame* Marie de Ferragut, *mariés, du 14 janvier 1769.*

—— *Brevet de pension sur l'abbaye de Saint-Lucien, de Beauvais, accordé à autre* Pierre de Pardaillan, *clerc tonsuré, frère d'autre Pierre et de Joseph de Pardaillan, déjà nommés.*

—— *Extrait de naissance* (9 octobre 1727) *de* Joseph de Pardaillan [1], *troisième fils de Bertrand de Pardaillan et de Marie-Anne de Saint-Pierre de Porté.*

[1] « Extrait du registre des naissances de la ci-devant paroisse de Leviac, com-
» mune de Vic-sur-Losse, en 1727 :
» L'an mil sept cent vingt-sept et le neuf octobre, est né le fils de noble Bertrand

Ce Joseph est père du précédent, marié à demoiselle du Souilh, et par conséquent aïeul de M. Pierre-Joseph-Théodore-Jules, consultant. Cet aïeul épousa, le 9 janvier 1769, demoiselle Anne de Ferragut, fille de Frix de Ferragut, seigneur de Gignan et de Pujos, comme il ressort du contrat que nous avons en due forme (¹), et de la quittance signalée plus haut.

—— *Constitution, le 2 octobre 1772, d'un arbitrage pour résoudre les difficultés survenues à propos de la vente de la salle du Pimbat et de ses dépendances, entre messire* JOSEPH DE PARDAILLAN, *agissant tant pour lui que pour son frère,* PIERRE DE PARDAILLAN, *d'une part, et le sieur Lasserre, acquéreur de la susdite salle, d'autre part.*

—— *Brevet de colonel des troupes de Saint-Domingue pour le* COMTE PIERRE DE PARDAILLAN, *expédié de Versailles le 23 août 1776, et signé par le roi et de Sartines.*

» de Pardaillan, seigneur de Porté, et de dame Marie-Anne de Porté, ses père et » mère, mariés ensemble, et habitants de cette paroisse, auquel on a donné le » nom de JOSEPH. Le parrain a été noble Vidal de Pardaillan, son frère, que j'ay » baptisé le dixième octobre. En foy de quoy me suis signé : — F. ROQUETTE, curé, » signé.

» Collationné sur le registre qui a été déposé au greffe de la maison commune, » conformément à la loy du vingt septembre 1792. A Vic-sur-Losse, le vingt-huit » germinal, l'an second de la République française une et indivisible. GAUTTIER.

» Nous, maire et officiers municipaux, certifions que le seing ci-dessus est la » véritable signature de Gauttier, secrétaire-greffier de cette commune.

» A la commune de Vic-sur-Losse, le trente germinal, l'an deux de la République » française une et indivisible.

» MEILHAN, officier municipal; LIBEROS, officier municipal; LIGNAC, officier » municipal; COUERGOU, officier municipal. »

(¹) « Par devant le notaire royal de Lanepax, soussigné, présens les témoins bas » nommez, furent présens, messire noble JOSEPH DE PARDAILLAN, habitant de la » juridiction de Vic-Fezensac, fils légitime et naturel de deffunts noble BERTRAND » DE PARDAILLAN et de dame ANNE DE PORTÉ, mariés, quand vivoient, assisté et » conseillé de Pierre Pardaillan, clerc tonsuré, son frère-germain aîné, et autres, » ses parents et amis, d'une part; et noble demoiselle MARIE-ANNE DE FERRAGUT, » habitante du château de Gignan, juridiction de Lupiac, fille légitime et naturelle » de feu noble Frix de Ferragut, sieur de Gignan, et de dame Marguerite de Ferragut, » son épouse, assistée et conseillée de ladite dame Marguerite de Ferragut, sa » mère, et de dame Marie de Ferragut, veuve de noble Antoine du Coussol, sieur » d'Esparsac, sa tante maternelle, etc. »

—— *Brevet de maréchal de camp pour le susdit, portant la date du 9 mars 1788.*

—— *Brevet de lieutenant-général pour le même* COMTE PIERRE DE PARDAILLAN, *donné au château des Tuileries, le 23 août 1814, par le roi et le maréchal duc de Dalmatie.*

—— *Lettre de la Chambre des Comptes de Paris pour le règlement de la pension de Vidal, comte de Pardaillan* (grand oncle du demandeur), qui fut mortellement frappé, en 1741, à l'entrée du détroit de Gibraltar, sur le vaisseau l'*Aquilon* dont il avait le commandement. La bataille navale avait été engagée contre les Anglais. La lettre de l'administration de la marine est adressée au chef de la famille Joseph de Pardaillan-Gondrin, aïeul du comte Pierre-Joseph-Théodore-Jules de Pardaillan, avec cette suscription : A M. LE MARQUIS DE PARDAILLAN-GONDRIN. Le *Journal historique du règne de Louis XV*, publié par Prault en 1766, relate, tome I, page 196, la mort du brave lieutenant : « Le comte de Pardaillan cependant fut tué de la première bordée. »

ACTES CONCERNANT LE BISAIEUL ET LE TRISAIEUL.

—— *Contrat de mariage de* BERTRAND DE PARDAILLAN, *seigneur du Pimbat (né de Jean de Pardaillan, seigneur de Saint-Orens, et de demoiselle Perrine de Grisony), avec demoiselle* ANNE DE SAINT-PIERRE DE PORTÉ, *passé, le 2 décembre 1709, devant Lanafoërt, notaire à Plaisance.*

Copie en due forme nous a été délivrée par Mᵉ Laterrade, notaire actuel de Beaumarchez (Gers).

Le même acte désigne Jean de Pardaillan-Gondrin, seigneur de Saint-Orens, et sa femme Perrine de Grisony, trisaïeul et trisaïeule du réclamant, en ces termes :

« *Messire Bertrand de Pardaillan-Gondrin, seigneur de Par-*
» *daillan, fils aîné légitime et naturel de feu messire* JEAN DE

» Pardaillan de Gondrin, *vivant* seigneur de Saint-Orens, *et de*
» *demoiselle* Perrine de Grisony, *sa veuve, du château du Pimbat.* »

—— *Transaction ou acte de vente consentie par noble* Bertrand de Pardaillan, *seigneur de Pardaillan et du Pimbat, et
noble* François de Pardaillan, *enseigne de vaisseau, son frère, le
20 octobre 1718, devant Lalanne, notaire.* Copie authentique
délivrée par M. Dupuy, notaire à Vic-Fezensac (1).

Jean de Pardaillan, seigneur de Saint-Orens, époux de
Perrine de Grisony et trisaïeul du consultant, était fils
d'Antoine de Pardaillan et de Diane de Barbotan (2), et
frère cadet de Bertrand de Pardaillan, mari de Philiberte de
Cazaux. Le P. Anselme mentionne le même Jean, seigneur
de Saint-Orens, et le fait mourir au service avec le grade
de capitaine d'infanterie ; seulement, il omet de dire qu'il y
succomba dans un âge avancé, laissant, de sa femme
Perrine de Grisony, deux enfants mâles, qui furent : 1° Bertrand de Pardaillan, seigneur du Pimbat, déjà nommé (3) ;
2° François de Pardaillan, lieutenant de vaisseau, tué dans
un combat naval, en 1729 ; 3° N. de Pardaillan, capitaine
d'infanterie.

Parvenus au degré personnifié par Jean de Pardaillan,

---

(1) Le port légal du nom doit donc être constaté par actes authentiques ou
possession constante. (Dalloz, *Art. Nom.*, n° 18.) Nous venons de nous conformer
exactement à cette règle ; que nos adversaires suivent notre exemple.

(2) Nous avons aussi les *pactes de mariage* d'Antoine-Arnaud de Pardaillan
(quatrième aïeul du consultant et père desdits Jean et Bertrand) *avec demoiselle*
Diane de Barbotan, *retenus, le 4 février* 1614, *par Bernard Lapeyrie, notaire
à Mormez.* L'original se trouve en l'étude de M⁰ Moussot, notaire à Nogaro (Gers).
Le P. Anselme, qui a mal lu le mot Barboutan, l'a écrit Barboulas, nom de
famille qui n'a jamais existé dans notre pays. Quant aux Barboutan, en français
Barbotan, leur alliance avec les Pardaillan est rapportée par un grand nombre de
généalogistes et par le document précité, ce qui nous dispense d'insister davantage sur cette rectification. (*Voir notre généalogie de Pardaillan à la fin de ce
Mémoire.*)

(3) Bisaïeul de M. Pierre-Joseph-Théodore-Jules de Pardaillan.

seigneur de Saint-Orens, nous remontons l'escalier des siècles, en plein soleil historique, à l'aide du P. Anselme, de La Chesnaye des Bois, de Moreri. Par conséquent, le Tribunal, pour s'éclairer, n'aura qu'à recourir aux Bibliothèques publiques. Le Cabinet des Titres, à Paris, pourrait également nous fournir, si besoin était, les maintenues de quelques branches de Pardaillan et les documents du fonds d'Hozier qui leur sont relatifs. Il y a, enfin, aux Archives départementales des Hautes-Pyrénées, dans le *Dict. mss. de Larcher,* une généalogie partielle de la maison de Pardaillan qui concorde absolument avec toutes les autres. La quantité des moyens justificatifs permet de prendre au hasard. Quel que soit le livre ou le manuscrit sur lequel s'arrête le doigt de la justice, elle a toujours la certitude de remonter graduellement jusqu'en 1230, ce qui est plus facile que nécessaire.

Le P. Menestrier, toujours dans ses *diverses espèces de noblesse et les manières d'en dresser les preuves,* p. 122, veut que l'on accepte « les titres domestiques, les tom- » beaux et anciens monuments où sont les armoiries et » qualitez, avec marques de noblesse, etc., enfin, partages » faits noblement dans la division des biens et des héri- » tages. » Il y ajoute encore les actes de foi et les déclarations données en recherches de noblesse par les intendants. Enhardis par l'autorité de cet héraldiste, nous pouvons bien céder au désir d'emprunter aux archives de famille quelques lettres qui, bien qu'inutiles au point de vue de la filiation, n'en sont pas moins parlantes. Elles portent la signature et les armes de l'abbé messire Jean-Bertrand de Pardaillan-Gondrin, baron de Séailles, chanoine de Montauban et de Nogaro. Celui-ci était issu en ligne directe et masculine d'Amanieu II de Pardaillan, seigneur de Caumort, que l'on trouve au onzième degré. Cet Amanieu II avait pour bisaïeul Amanieu Ier, seigneur de Caumort, troisième fils de Bertrand de Pardaillan, seigneur de Gondrin, et de Bourguine de Castillon, auteurs aussi de Pons de Pardaillan, seigneur de Gondrin, vicomte de Castillon, ancêtre direct des ducs d'Antin, et d'autre Pons, seigneur de Lamothe-Gondrin, fondateur de la branche marquisale de ce nom. Bertrand de Pardaillan, fils d'Amanieu Ier, contracta alliance, en 1471, avec Catherine de Biran, qui le rendit père de quatre enfants :

1. — *L'aîné*, JEAN DE PARDAILLAN-GONDRIN, continua la branche des seigneurs de Caumort. A sa sortie de cette terre, cette branche devint celle des barons de Séailles, et ne fut plus désignée que par ce dernier nom. Jean-Bertrand de Pardaillan, le prêtre susdit [1], lui appartenait ;

2. — *Le second*, BERTRAND, mourut sans postérité ;

3. — *Le troisième*, BERNARD, fut le fondateur des rameaux du Granchet, de Las, de Saint-Orens, du Pimbat [2], et en conséquence l'ancêtre direct du consultant ;

4. — *Le quatrième*, JEAN, fut l'auteur de la maison de Civrac. Les titres de ces diverses branches et de celle d'Antin, étant toutes éteintes moins la nôtre, se concentrent sur la tête de M. Pierre-Joseph-Théodore-Jules de Pardaillan.

Revenons à l'abbé Jean-Bertrand de Pardaillan, auteur des lettres adressées en 1773 et postérieurement, au comte Pierre de Pardaillan, colonel des grenadiers royaux, plus tard lieutenant-général des armées du roi, et grand-oncle paternel du comte existant. Remarquez avec quel soin jaloux le vertueux ecclésiastique envoie sa généalogie à son parent, et avec quelle cordialité il lui parle. Nous faisons suivre ces missives en respectant leur orthographe.

---

[1] L'abbé de Gondrin était fils de messire Pierre-Apulée de Pardaillan-Gondrin, baron de Séailles, et de noble dame Hélène de Castéra-Seignan.

[2] P. ANSELME, *Histoire des Grands-Officiers de la Couronne*, t. V, p. 187.

A Monsieur le comte Pierre de Pardaillan,

COLONEL DU RÉGIMENT DES GRENADIERS ROYAUX.

A Nogaro, le 31 Aoust 1773.

« Vous trouveréz cy attachée, Monsieur et cher Cousin, {ma
» généalogie, à la suite de laquelle je vous ay mis un petit mé-
» moire que j'ay signé. Vous avés rapidement vu le tout; mais
» vous serés plus a portée de le goûter lorque vous pourrez le
» lire à tête reposée. C'est la raison pour quoy je vous fais cet
» envoy, qui est de conséquence pour vous; surtout voulant
» faire imprimer votre généalogie. Il vous sera plus aisé voyant
» l'ordre que j'ay mis dans la mienne, de suivre le même dans la
» votre. Car je vous dirai que mon mémoire généalogique, tel que
» je vous l'envois, à mérité l'approbation des connesseurs et des
» gens du métier, qui mont tous assuré qu'il pouvait être mis sous
» la presse. Dans la promesse que vous m'avés fait de présenter
» ma généalogie à M. le Généalogiste de France, et de la faire
» vériffier par luy, à même temps que vous fairez vériffier la
» votre, j'ay cru devoir vous faire passer ma généalogie dans ce
» sens. J'en charge mon domestique avec ordre de ne la remettre
» qu'à vous seul. Il faudra faire accompaigner cette généalogie,
» que vous présenterés avec la votre, de l'inventaire des pièces
» que j'ay déposé à Montauban. Comme il en est dans le nombre
» qui sont ou exuberantes, ou qui ne peuvent pas servir directe-
» ment à *notre filiation à la maison ducalle de Pardaillan, notre*
» *tige commune,* M. le Généalogiste, sur le veu de cet inventaire
» faira le choi des actes qu'il nous faudra faire extraire. Vous en
» tiendrés une note exacte que vous enverrez à Gautier, auquel je
» donneray des lettres pour Montauban, et, au moyen de ce, nous
» abrégerons les formalités que vous savés. Ne divisons jamais nos
» intérêts et qu'ils restent à jamais aussi unis que nos cœurs. Nous
» ne pouvons faire un tout bien complet, quant à l'objet dont
» s'agit, quan travaillant l'un pour l'autre et de concert.

» Croyez-moi votre ami jusqu'au tombeau. Le papier me manque.

» L'ABBÉ DE GONDRIN. »

(Note marginale.) « Jay laissé en blanc le nom de la mère de
» Catherine de Biran dans la présente généalogie. Jatens, mon
» cher Cousin, que vous me le donniés, conformément à la de-
» mande que je vous en ay fait par ma lettre du 28 de ce mois. »

Autre Lettre du même au même.

A Nogaro, le 17 Septembre (¹).

« Je fais de suite repartir mon domestique, Monsieur et très
» cher Cousin, pour vous allez rejoindre, et vous porter le cahier
» cy inclus que j'ai floqué aux deux bouts d'un ruban vert. Cette
» couleur annonce la confiance, et est le simbole de l'espérance;
» en fut-il jamais de plus grande que celle que j'ai en vos bontés
» et en votre amitié, connue pour moi. Je n'en ferai de ma vie de
» doute, et si en réclamant l'apostille incluse dans ma dernière,
» j'avais eu le malheur d'encourir chez vous, mon cher Cousin, le
» caractère hideux de soupçonneur, c'est que, comme les écrits
» restent et comme les paroles volent, il aurait pu survenir
» quelque égarement de cette pièce. Cela peut arriver et arrive
» souvent au plus attentif : cependant tant je suis pénétré d'es-
» time, de vénération et de respect pour vous, qu'au prix de vous
» déplaire, j'en eusse mille et mille fois fait le sacrifice de ma
» demande indiscrète à cet égard, que je vous prie d'oublier, bien
» persuadé que vous devéz être que c'est ici un pur péché
» d'ignorance. J'ai pris la liberté de raturer une phrase dans ma
» lettre du 31 août qui est sur la feuille qui sert de couverture au
» présent cahier. J'ai garni le blanc du nom de la mère de
» Catherine de Biran dont vous avez eu la bonté de me donner
» connaissance. Au moyen de quoi cet ouvrage, qui est autant à
» vous qu'à moi, a toute la perfection, suivant les meilleurs gé-
» néalogistes que j'ai consultés, soit à Paris, soit ici, qu'un
» ouvrage de ce genre puisse avoir. Ainsi, mon cher Cousin, vous
» n'avez, ayant tous les actes pour votre filiation à Bertrand de

(¹) Cette lettre ne porte pas la date de l'année, mais le cahier qui l'accompagnait
marque 1773.

» Pardaillan (¹), *notre commun auteur,* qu'à faire faire le précis de
» vos actes, comme vous le voyez pratiqué dans ce cahier généa-
» logique ci joint. Pour vous mieux rappeler tout ce dont nous
» convînmes à cet égard en nous séparant, je vous ai écrit à
» dessin, le 31 août dernier, la lettre qui contient le précis de nos
» conventions, et que j'ai annexé au cahier, pour en prévenir
» tout égarement.

» Ainsi, mon cher Cousin, ayez la bonté de relire cette lettre
» lorsque vous serez à Paris, qui est le lieu où vous m'avez promis
» de faire de ma généalogie, auprès du généalogiste du Roi, un
» usage amical et utile pour moi, en la faisant approuver en même
» temps que la vôtre. Je ne finirais jamais si je voulais vous étaler
» tous les sentiments de mon cœur pour vous. Que la présente
» serve à jamais de témoignage contre moi, si, pour quelle chose
» que l'envie ou la malignité put faire retentir à mes oreilles,
» j'avais le malheur de tout autre sentiment d'un cœur qui est tout
» zèle et tout ardeur pour vous, sentiment que vous me payés
» par le retour d'un cœur aussi vrai et aussi sincère, et qui fait le
» plus doux de ma vie ! Que les rapporteurs et les malins esprits
» qui avaient voulu chercher à nous diviser, soient à jamais con-
» fondus, et enragent de dépit de voir la durée de notre amitié
» qui doit nous accompagner au tombeau ! Je ne lui donne d'autre
» terme de ma part que celui-là.

» C'est ainsi que je finis en vous embrassant du meilleur de
» mon cœur.

» L'abbé DE GONDRIN. »

(En post-scriptum.) « Ma mère me charge de mille choses honné-
» tes, gracieuses et polies pour vous, ainsi que pour Madame de
» Pardaillan, à laquelle, si vous me le permettez, je présente mes
» respects. Faites connaître, je vous prie, à Messieurs vos frères,
» *mes cousins,* les sentiments d'attachement et d'amitié dont je vous
» ai fait le dépositaire. »

(¹) Voir la généalogie qui termine ce Mémoire.

4

Autre lettre du même au même,

A Vic-Fezensac (Gascogne), le 24 Septembre 1783.

« Lorsque, à l'époque de votre pénultième voyage dans ce pays
» ci, Monsieur et cher Cousin, je vous fis voir ma généalogie
» imprimée, où vous êtes nomément compris (¹), vous me témoi-
» gnates quelques regrets de ne pas y avoir la votre en entier, tout
» à la suite de la mienne, où elle a naturellement sa place; il n'a
» pas tenu à moi, mon cher Cousin, que vous ne m'ayez donné
» cette satisfaction, que je me serais moi-même procuré, si je
» n'avais eu besoin en cela de votre secours pour la rendre avec
» exactitude. M. de La Chenaye des Bois, éditeur du *Dictionnaire*
» *de la Noblesse*, auquel j'avais donné votre adresse, vous écrivit
» en conséquence pour vous engager à lui faire passer votre
» mémoire. C'est vous-même qui me l'avez dit, mon cher Cousin,
» en m'assurant que vous ne lui aviez pas répondu. Cet éditeur
» aujourd'hui est peut-être mort ou du moins ne travaille plus, à
» raison de son grand âge. Il s'est donné un héritier qui m'a fait
» passer l'imprimé ci-joint que je vous envoie. Suivant ce qu'il
» me marque, ce nouvel éditeur se propose de donner la conti-
» nuation du *Dictionnaire de la Noblesse*, que son prédécesseur a
» complété en douze volumes in-4°, afin que les familles qui ne
» sont point comprises dans le corps de ce Dictionnaire puissent, à
» leur rang, selon l'ordre alphabétique, être placées dans la conti-
» nuation. Comme je me trouve, mon cher Cousin, dans le
» onzième tome de ce Dictionnaire et que je n'ai plus rien à
» ajouter à ma généalogie, l'avis donné par l'imprimé devient
» inutile pour moi, parce que tout est complet quant à moi; mais

---

(¹) LA CHESNAYE DES BOIS, en effet, tome XI, page 186, désigne ainsi Pierre de
Pardaillan : « Bernard, tige de la branche des seigneurs de Las, qui subsiste encore
» dans Pierre de Pardaillan, appelé comte de Pardaillan, colonel du régiment des
» grenadiers royaux de Guienne. »

» peut-être bien que vous, mon cher Cousin, n'ayez pas fait encore
» imprimer la Généalogie particulière de votre rameau, *qui a pour*
» *auteur Bernard de Pardaillan, mari de Miramonde de Lacoste,*
» *frère germain de Jean de Pardaillan, seigneur de Caumort, qui*
» *est mon quatrisayeul* (¹). L'occasion en est aujourd'hui favo-
» rable; si vous désirez le faire, je vous envoie ci-joint un court
» extrait que j'ai fait de la généalogie de votre rameau; il pourra
» aider, quoique imparfait, le rédacteur de votre mémoire, qui
» pourra voir d'un coup d'œil à quel degré se rapportent les
» preuves tirées des actes que vous devez avoir en main, et à quel
» degré précis ces mêmes preuves sont applicables. Si, par tout
» ceci, mon cher Cousin, je ne fais rien qui, dans le fait, vous soit
» agréable, j'aurai du moins la consolation de vous prouver peut-
» être ma bonne volonté à le faire, et à vous convaincre de cet
» attachement solide que je vous ai voué, et qui me fera toujours
» embrasser vos intérêts avec autant d'ardeur que je pourrai
» mettre pour les miens, que je ne séparerai jamais des vôtres.
» J'ai eu des nouvelles de *ma chère Cousine,* votre bien tendre
» et aimable moitié; elle me marque que nous n'avons pas réussi
» pour la pension que son attachement a sollicité, pour mon
» cousin l'abbé (²) et pour moi, sur l'archevêché d'Auch; elle
» m'exhorte à la patience. Mais, en attendant, l'abbé et moi nous
» nous faisons vieux, et nous mourrons avec notre petite fortune;
» Il semble donc, mon cher Cousin, qu'à raison de notre âge, qui
» fait toujours des progrès sans que nous nous en apercevions, il
» serait question de mettre de l'activité dans les poursuites de
» graces que votre zèle de frère et de bon parent sollicite pour
» nous deux. Votre absence involontaire, jointe à la mauvaise
» santé de la chère Cousine, à l'époque de la vacance de l'arche-
» vêché d'Auch, ont fait grand tort à l'abbé et moi. Il faut se
» rabattre sur ailleurs. Il vaque tous les jours de grands bénéfices,
» aussi susceptibles de porter des pensions. J'espère, mon cher

(¹) Voir notre généalogie à la fin de ce Mémoire.

(²) Ce cousin abbé était Jean-Pierre de Pardaillan, clerc tonsuré, frère de Joseph de Pardaillan, grand-père du consultant, et frère aussi de Pierre, lieutenant général des armées du roi, et correspondant de l'abbé de Gondrin.

» Cousin, qu'arrivé à Paris, vous vous occuperez de nous en
» conquérir quelqu'une ou quelque bénéfice qui m'aide à soulager
» les infirmités, suites fâcheuses de mon état triste. Le papier me
» manque. Adieu, mon cher Cousin, je vous aimerai jusqu'au
» tombeau, soit dans la médiocrité, soit dans la fortune. Ma mère
» comprend que je vous écris et me charge de mille sincères et
» tendres amitiés.

> » Pour l'abbé de Gondrin (¹). »

Au bas, en suscription : *A Monsieur le comte de Pardaillan, colonel du
régiment de Penthièvre.*

Les lettres de l'abbé de Gondrin, ainsi que l'indique le
contenu, étaient accompagnées, tantôt d'un inventaire des
pièces déposées par lui au greffe de la Cour des Aides de
Montauban, et tantôt d'une généalogie où il laissait voir
son souci des usurpations de son nom par des étrangers (²),
et son désir de sauvegarder les droits de ses cousins. A la
fin du cahier qu'il leur communique, est relaté le dépôt
fait à Moutauban.

L'abbé de Gondrin déclare être le *dernier des mâles
issus d'Amanieu II de Pardaillan, seigneur de Caumort,*
c'est à dire de la ligne aînée de sa branche ; mais comme
il n'entend pas nuire au rameau cadet, il ajoute : « qu'il
» ne peut pas, par cette allégation, avoir préjudicié à ceux

(¹) Il n'était pas le seul à cousiner avec les Pardaillan, seigneurs de Granchet, de
Las, et plus tard de Saint-Orens, du Pimbat et de Gignan, devanciers de M. le
comte actuel de Pardaillan. Les maisons d'Uzès, de Civrac, les fréquentaient
encore comme parents. Le duc de Penthièvre, né du second lit de Mⁱⁱᵉ de Noailles,
veuve en premières noces de M. le comte de Pardaillan-Gondrin, les attirait auprès
de lui et les comblait de faveurs, en qualité de proches de sa mère.

Ce même duc de Penthièvre avait pour premier écuyer le comte Pierre de
Pardaillan, lieutenant général des armées du roi et grand-oncle du consultant.
C'est à cet officier supérieur, alors simple colonel des grenadiers royaux, que l'abbé
adressait ses communications.

(²) Ses lettres respirent un culte fervent pour les aïeux, un soin jaloux de la
généalogie de sa famille. On devine qu'il était partisan de ce vieil adage : *Nul ne
peut seoir à la table d'un baron, s'il n'est chevalier.*

» qui ayant droit de porter son nom, comme venus de la
» branche de Pardaillan-Caumort, dont Amanieu Ier est
» l'auteur. » Cette phrase réserve les droits des arrière-
petits-fils de Bernard, auteur de la ligne du poursuivant;
oncle paternel d'Amanieu II; ce dernier, qui épousa
Catherine de Montlezun-Montcassin, était ascendant direct
du correspondant ecclésiastique.

Les Pardaillan, seigneurs du Granchet, Las, Saint-Orens
et Pimbat, qui sont les nôtres, s'appelaient Pardaillan-
Gondrin, aussi bien que l'abbé. Des actes authentiques,
comme le contrat de mariage de noble Bertrand de Pardaillan avec demoiselle Anne de Saint-Pierre de Porté,
daté de 1709, en font foi. Le bisaïeul du consultant y reçoit
la double dénomination de Pardaillan-Gondrin.

Nous pourrions multiplier à l'infini les preuves qui affir-
ment l'identité de M. le comte Jules de Pardaillan et de ses
aïeux en ligne droite, comme membres de la grande race
de ce nom; mais un plus long déploiement de titres serait
superflu. De ceux que nous avons produits et indiqués,
parce que tout le monde peut les atteindre, chacun a tiré
cette conclusion : c'est que, dans l'espèce, jamais qualité
de demandeur ne fut plus éclatante.

IV

LES CHANGEMENTS DE NOMS SONT RÉPROUVÉS PAR LA MORALE
AINSI QUE PAR LE DROIT ANCIEN ET NOUVEAU.

Les changements de noms nous offrent le triste spectacle
de gens employant autant de zèle à renier leurs pères que
d'autres à les vénérer et bénir. Grand serait leur bonheur
s'ils pouvaient les faire mettre en oubli par le public

comme par eux-mêmes ([1]). Le souvenir de l'humilité originelle les fait rougir non moins qu'une souillure. Cette
sacrilége conduite a été taxée, comme elle le méritait, par
le docteur Bonnet, qui exprime son blâme en ces termes :
« Tandis qu'un père, en consacrant sa vie au travail, laisse
» à ses enfants une fortune honorable, le premier soin de
» ceux-ci sera d'effacer le nom de leur père et de le consi-
» dérer comme une tache. Celui qui pouvait prétendre au
» légitime honneur d'être le chef d'une famille considérée
» et utile, sera privé du respect qu'auraient eu pour lui des
» enfants dans une position moins prospère. Son nom se
» serait conservé au milieu de ces derniers, et il sera voilé
» d'abord et effacé ensuite par des enfants enrichis et
» ingrats ([2]). »

Ce qui est vrai de nos jours l'était également à la fin du
XVIe siècle. Nous avons déjà donné, pour garant, Loyseau.
Un de ses contemporains, Etienne Tabourot, seigneur des
accords, dans ses *Bigarrures et Touches,* a conservé une
lettre adressée à François Maréchal, secrétaire de la
Chambre du Roi pour les États de Bourgogne, à l'occasion
d'un discours prononcé par un conseiller au Parlement de

([1]) Ch. Loyseau, qui vivait de 1566 à 1627, avait stigmatisé ceux qui répudient
le nom de leurs auteurs en ces lignes terribles :
« Nos gentilshommes d'à présent sont tellement attachés à la terre, ou possédez
» par leurs terres, qu'ils aiment mieux en porter le nom que celui de leurs pères,
» lequel ils suppriment indignement et l'abolissent de la mémoire des hommes,
» ainsi qu'on ordonne quelquefois en justice pour punition signalée de ceux qui
» ont commis quelque horrible forfait. D'ailleurs, il semble qu'en ce faisant, ils
» renient leurs pères, puisqu'ils prennent un nouveau nom, comme s'ils étaient les
» premiers de leurs races. Encore ceux qui, pour estre héritiers d'autruy, se char-
» gent de porter son nom et armes, retiennent-ils toujours avec iceluy le nom de
» leurs pères ; et puisque ceux qui n'ont point d'enfants donnent leurs biens aux
» étrangers, à condition de porter leur nom, quelle injure est-ce faire aux pères
» quand leurs enfants veulent avoir leur bien sans porter leur nom ! Je concluray
» donc que celui-là ne mérite pas l'hérédité du père qui dédaigne de se qualifier
» son enfant en refusant de porter son nom. »

([2]) *Revue du Lyonnais,* février 1838, p. 102.

Dijon. Jamais on n'a flétri avec plus d'âme et de vigueur
les conversions odieuses du nom patronymique en nom
terrien (1); nous n'hésitons pas à reproduire ce morceau,
que l'on croirait préparé pour la circonstance :

« Entre les beaux traits d'intégrité et justice qui relui-
» sent en Mgr Colard, conseiller au Parlement de Dijon,
» j'ai remarqué une juste indignation qu'il a conçue contre
» ces *obereaux* et *mouchets de noblesse,* qui estans yssus
» de bonnes et honnestes familles des villes et citez de ce
» royaume, après le décès de leurs pères, lesquels à grand
» travail ont acquis plusieurs biens et seigneuries, venans
» à appréhender leurs successions, changent incontinent
» le surnom d'yceux, comme s'ils dédaignaient de se dire
» et faire remarquer leurs enfants; et, oublieux de leur
» origine, prenoient plaisir, par une insigne fausseté, de
» s'esleuer par dessus leurs ancestres, et vouloient par ce
» moyen fouler aux pieds leur mémoire. En quoi ils com-
» mettent une ingratitude merveilleuse, car ils frustrent
» indignement l'intention de ces bons pères, qui amassent
» leur bien en grand trauail, afin de conserver vraysem-
» blablement le *nom* de leur famille, et que leur postérité
» paruienne aux honneurs par le moyen de leurs richesses
» et se puisse illustrer, et prendre accroissement, selon
» que naturellement tout homme est enclin à ce désir.

» Et ont accoustumé ces *surnoms* de changer de deux
» façons, qui descouurent de quelle ambition sont poussés
» leurs autheurs à ce changement.

(1) *L'Abeille impériale* du 1er août 1855 rapporte une leçon morale qui ne sera
point déplacée ici :

« Monsieur, dit un père indigné à son fils, qui s'était attribué le nom d'une ferme,
» je ne croyais pas que le nom du lieu où je fais élever des vaches, des poules et
» des canards, fût plus glorieux à porter que celui de notre famille, où la probité
» et l'honneur sont héréditaires depuis tant d'années; faites-vous donc une autre
» famille avec les animaux domestiques qui sont dans la ferme, que vous êtes si
» fier d'avoir pour origine. »

« L'vn est qu'ils prendront le surnom de la terre qu'aura
» acquis le bon père, et d'autant plus volontiers et auec
» plus grande facilité, quand ils cognoistront qu'il n'y aura
» plus aucun du nom des premiers possesseurs d'ycelle,
» parce qu'auec le temps ils espèrent que leurs fils persua-
» deront aisément qu'ils auront esté autrefois nais (nés) ou
» entrez par quelque légitime moyen dans ces familles. . . .

  » Que dirions-nous de ceux qui, estans riches et bien à
» leur aise, vsent de ces faulsetez? . . . .

  » . . . . *Ils mériteroient*
» *la même punition que les autres qui sont pendus, ou ai-*
» *grement chatiez quand ils sont découverts.* Qu'est-ce donc
» en les souffrant, sinon fauoriser leur impudence et donner
» occasion à chascun de suivre leur exemple? . . . . . .

  » . . . .
» osant à grande peine quelques fois accoster les gentils-
» hommes leurs voisins, qui leur font glacer à toute heure
» l'âme dans le corps, pour la crainte qu'ils ont d'être
» appellez de leur vray *surnom,* et d'être renvoyez par
» ignominie à leur ancienne profession.

  » Or, ce qu'en font aussi nos *changeurs de nom* est afin
» qu'auec ce changement de nom, leur qualité peu à peu
» se change pour devenir *escuyers* et *gentilshommes* indi-
» rectement; car avec le temps, sans preuve de valeur, ils
» en *usurpent* le titre et les priuiléges; et sous ce prétexte
» ne sont pas cottisez aux tailles et autres impositions qui
» se lévent sur le peuple, non plus que les vrays gentils-
» hommes. . . . .
» . . . .

  » Du reste, examinant l'âme et la raison de la loy, on
» trouverait que tous ces roturiers en général qui changent
» leur nom en vn autre gentilhommesque, ou lesquels y
» ajoutent un article, *sont subjets à la peine de fauxl;*

» car ils vsurpent vne qualité de noble qui tient espèce de
» rang signalé en France, et de conséquent ne sont pas
» moins punissables que ceux qui contrefont le magistrat,
» ne l'estant pas, qui sont par la loy punis comme crimi-
» neux de lèze-majesté. »

Les moralistes, les jurisconsultes, les législateurs sont
unanimes pour condamner les changements de noms (¹) qui
troublent la société en faussant l'identité des familles et des
individus. Ce n'est pas ici le lieu de citer Martial ou Lucien,
mais il n'est pas hors de propos de faire encore intervenir
La Bruyère, qui s'exprime ainsi :

« Certaines gens portent trois noms, de peur d'en man-
» quer : ils en ont pour la campagne et pour la ville,
» pour les lieux de leur service ou de leur emploi.....
» Plusieurs suppriment leurs noms, qu'ils pourraient con-
» server sans honte, pour en adopter de plus beaux,
» où ils n'ont qu'à perdre par la comparaison que l'on
» fait toujours d'eux qui les portent avec ceux qui les ont
» portés (²). »

Montaigne censure avec sa rude et naïve franchise les
tromperies nominales :

« C'est un vilain usage, dit ce sage, et de très mauuaise
» conséquence en nostre France, d'appeler chascun par le
» *nom de sa terre* et seigneurie, et la chose du monde qui

(¹) « Les usurpations nobiliaires se sont produites sous différents aspects. Les
» édits royaux en font foi, et sont venus combattre, mais impuissamment, cette
» hydre aux mille têtes. Mais pour bien juger de cette plaie sociale du temps passé,
» il faut surtout entendre les plaintes formées contre les usurpations en général
» par les écrivains contemporains de ces abus. » (CHASSANT, *Nobles et Vilains*,
p. 148 et 149.)

(²) La rigueur de l'auteur des *Caractères* est implacable pour les emprunteurs
de nom, car il reprend ailleurs :
« Sylvain, de ses deniers, a acquis la *naissance* et un autre *nom*. Il est seigneur
» de la paroisse où ses aïeux payaient la taille. Il n'aurait pu autrefois entrer page
chez Cléobule, et il est son gendre. »

» fait plus mesler et mecognoistre les races. Un cadet de
» bonne maison ayant eu pour son apanage vne terre sous
» le nom de laquelle il a esté cogneu et honoré, ne peut
» bonnement l'abandonner ; dix ans après sa mort, la terre
» s'en va à vn estranger, qui en fait de mesme : devinez
» où nous en sommes de la cognoissance de ces hommes.
» Cependant l'originel de la tige nous est échappé. Il y a
» tant de liberté en ces matières, que de mon temps je n'ai
» veu personne eslevé par la fortune à quelque grandeur
» extraordinaire, à qui on n'ait attaché incontinent des
» titres genealogicques, nouueaux et ignorez de son père,
» et qu'on n'ait enté en quelque illustre tige, et de bonne
» fortune, les obscures familles sont plus idoines à falsifi-
» cations (¹). »

Les faits que nous poursuivons attestent l'éternelle
renaissance des travestissements déplorés par Montaigne.

Faisons écho, en passant, à la verve satirique de Molière :

> Quel abus de quitter le vray nom de ses pères
> Pour en vouloir prendre un basty sur des chimères !
> De la plupart des gens, c'est la démangeaison ;
> Et, sans vous embrasser dans la comparaison,
> Je sçais un païsan qu'on appelait Gros-Pierre,
> Qui n'ayant pour tout bien qu'un seul quartier de terre,
> Y'fit tout à l'entour faire un fossé bourbeux ;
> Et de *Monsieur de l'Isle* en prit le nom pompeux !

Molière n'a nullement exagéré ; la rage des noms seigneuriaux était telle, qu'un grand nombre de bourgeois,
auquel leur petite fortune ne permettait pas l'accès du fief,
se rédimaient de cette disgrâce en accolant à leur nom
patronymique celui d'un modeste domaine ou d'un simple
champ.

(¹) Voyez chap. XLVI : *Des Noms.*

Cette passion suggéra à trois frères, dont l'héritage comprenait une cour, un puits et une mare, de s'appeler : l'aîné, *M. de La Cour*; le cadet, *M. Du Puis*; et le troisième, *M. de La Mare*.

Ni les critiques ni les ordonnances ne décourageaient les audacieuses convoitises. L'auteur anonyme du *Tableau du Siècle*, publié en 1760, prêchait au désert lorsqu'il écrivait :

« Le démon de la noblesse possède presque tout le corps
» des commerçants, et l'on n'y est occupé que du choix
» des alliances. Géronte, homme aimable, tant qu'il n'était
» que simple citoyen, mais aujourd'hui plus orgueilleux
» qu'un Espagnol, a fait acquisition d'une bicoque qu'il a
» superbement érigée en château. Il ne parle plus que
» d'écusson et de quartiers. Les armes du moderne écuyer
» se gravent sur toutes les cheminées de la ville et de la
» campagne. Mon fils, dit-il, je le mets au service, où je
» prétends qu'il relève sa condition par sa belle dépense.
» ....
» Pour ma fille, je la destine à un Gascon, descendu en
» droite ligne d'un connétable que la succession des temps
» a ruiné. »

Toustain de Richebourg condamna avec plus de gravité et moins d'ironie, mais sans plus de succès, l'abandon du nom paternel (¹). « Ajouterons-nous, parce que, d'une
» famille pauvre et obscure, un des membres sera par-
» venu à la fortune, aura prospéré dans les honneurs et
» les dignités, formé des alliances superbes et laissé loin
» derrière lui dans l'oubli l'humble famille d'où il est sorti,
» jusqu'à ce que le temps ait fait disparaître non pas tant le
» *nom* que les liens de consanguinité qui blessent sa vanité.

(¹) *Généalogie de Frontebosc.*

» Voilà ce que l'expérience a démontré » et ce qu'elle va démontrer une fois de plus à l'aide de ce Mémoire.

Maugard fait ressortir les conséquences fatales de ces empiétements de la vanité, qui allégent le riche des charges publiques pour les laisser retomber lourdement sur les épaules du petit peuple. La cause principale de la Révolution fut incontestablement le nombre toujours croissant des terres exemptes d'impôts, par suite de la substitution aux noms pratronymiques des noms de fiefs, qui, sous cette forme, se faufilaient avec plus de facilité dans la noblesse. Maugard met à nu cette plaie sociale avec une grande énergie, et demande qu'on y apporte remède au plus tôt :

« La confusion des rangs ; l'usurpation des titres, digni-
» tés, honneurs, exemptions et priviléges attribués aux
» diverses classes de la noblesse ; l'insuffisance des moyens
» employés jusqu'à présent pour réprimer ou empêcher ces
» usurpations ; la trop grande facilité que des hommes qui
» n'ont eu d'autre talent que celui de s'enrichir rapidement,
» trouvent à acquérir, pour un peu d'argent, un honneur
» qui autrefois était la récompense des services et de la
» vertu ; les vexations et les injustices que peuvent éprouver
» les vrais nobles, lorsqu'ils sont dans le cas de prouver
» leur noblesse : voilà des maux qui ne sont que trop réels,
» et qui, empirant de jour en jour, deviendront infaillible-
» ment incurables, si l'on n'y apporte les remèdes les plus
» prompts et les plus efficaces.

» L'usurpation de la noblesse est une surcharge énorme
» pour le peuple. C'est lui qui paye la part que les usur-
» pateurs devraient supporter dans les impositions et les
» charges personnelles.

» Les recherches que l'on a faites en différents temps
» ont fait connaître un très grand nombre de faux nobles ;
» mais combien en aurait-on découverts encore, si ces

» recherches avaient été générales et sans exception?
» Qu'ont produit ces recherches? Des amendes qui ont
» enrichi quelques traitants, et dont la moindre partie a
» tourné au profit du fisc. Le peuple n'en a pas été sou-
» lagé : car les usurpateurs connus n'ont pas cessé d'usur-
» per. Il y en a une preuve incontestable :

» C'est que depuis qu'il faut faire des preuves de noblesse
» pour entrer au service, les descendans de la plupart
» de ces usurpateurs se sont présentés, persuadés qu'il
» n'existait aucune trace des jugements de condamnation
» de leurs ancêtres, ou de leur soumission à payer
» l'amende ([1]). »

La disette du Trésor était la conséquence des anoblissements volontaires ou officiels : aussi, leur révocation était-
elle fréquente et forcée ; ceux qui se trouvaient frappés
étaient tenus d'acquitter de nouveaux droits pour un maintien équivoque. Désireux de se soustraire à la rapacité des
traitants, qui, même satisfaite, ne raffermissait nullement
leur situation sociale, ils résistaient aux édits. L'amende
encourue par cette infraction était moins pesante que la
contribution roturière : on avait profit à transgresser la loi.

Notre époque, comme l'ancienne, assiste à la curée des
vieilles dénominations féodales. Voyez tous les intrigants
leur courir sus avec une furie sacrilége, car il s'agit de
renier les parents. Prévost-Paradol a tracé un tableau
saisissant de cette chasse donnée aux qualités et aux
appellatifs nobiliaires : « Au milieu de ce débordement

([1]) *Remarques sur la Noblesse,* par Maugard.

Renauldon, dans son *Dictionnaire des Fiefs,* émet sur cet état de choses même
jugement que les feudistes susnommés :

« Les usurpateurs de noblesse sont ceux qui, sans être nobles, en prennent le
» titre et la qualité, et par cette voie s'attribuent les prérogatives et les exemp-
» tions dont jouissent les vrais nobles... Dans les campagnes, on trouve de ces faux
» nobles ; ils y sont très incommodes et par leur impertinence et par les exemptions
» dont ils jouissent, qui retombent à la charge des habitants. »

» de noms de terre, de ce démembrement de noms rotu-
» riers en particules ambitieuses, de cette occupation de
» titres presqu'universelle, ce sera bientôt une distinction
» et une preuve de goût que de garder son nom véritable.
» La société devient si noble, qu'il y reste à peine de la
» place pour ceux qui se piquent d'avouer leur roture. On
» se plaint du ralentissement de la population en France :
» c'est du tiers-état sans doute que l'on veut parler, car la
» noblesse se multiplie démesurément et menace de couvrir
» bientôt la surface du pays. Malheureusement, cet anoblis-
» sement général ne prouve qu'une chose : c'est que le
» ridicule a trop perdu en ce pays de son utile puissance,
» puisqu'il ne suffit pas à faire justice de ce que la loi ne
» peut sagement atteindre (1). »

Notre plainte, quoique particulière, est donc la conséquence d'un mal public.

Un nom de terre, dit M. de Coston, précédé de la particule, n'a jamais été une preuve de l'ancienneté ni même
de la noblesse de la famille qui le portait (2); ce qui est
justifié par l'édit de 1579 : « Les roturiers ou non-nobles
» achetant des fiefs nobles, ne seraient, pour ce, anoblis et
» mis au rang des nobles, de quelque revenu et valeur que
» fussent les fiefs par eux acquis. »

D'après Belleguise, en effet, il eût été outrageant pour
la dignité que la terre faite pour le service de l'homme
relevât sa condition (3); d'après de La Roque, *Traité de la
Noblesse*, ch. XVIII : « Ce seroit blesser la raison que de
» croire que la terre peut anoblir l'homme; le possesseur
» non plus n'anoblit pas la terre. »

---

(1) *Journal des Débats*, mars 1867.
(2) *Origine, étymologie et signification des Noms propres*, par le baron de Coston, p. 226.
(3) *Traité de la Noblesse*, p. 52.

Bien avant de La Roque, Loyseau avait exprimé la même opinion :

« De sorte que c'est toujours s'attacher à la terre et la
» préférer à l'homme, contre la raison de la loi *Justissime*
» *de Ædil. edicto*, et contre la règle de Cicéron, aux
» offices, que *non domo dominus, sed domino domus hones-*
» *tanda est.* »

On voit que la désignation territoriale était loin de signi-
fier noblesse ; c'était pourtant dans le sens d'honneur
et d'apparat que la plupart des propriétaires la fixaient au
nom patronymique. Presque tous, au mépris des lois,
étalaient l'appellatif de leur domaine, sachant bien que s'il
n'impliquait pas la supériorité de classe, il la faisait présumer,
surtout lorsque, compagnon inséparable du nom de famille,
il avait à son côté descendu les marches des âges. L'occupation, dans ce cas, ne créait pas le surnom terrien, mais
elle fortifiait la croyance de sa légitimité.

Malheureusement, pour nos adversaires, ce n'est pas le
cas. Leurs générations s'étaient obscurément succédées
sous le nom de Treil jusqu'à la fin du dernier siècle. A cette
époque, ceux qui l'avaient uniquement porté, par suite
d'une acquisition territoriale, s'avisèrent de le faire resplendir au contact et au reflet de celui de Pardailhan. Ce
dernier nom, d'adoption très récente, n'a donc pu être
soudé au leur par la rouille des temps (¹). Le seul primitif,
constant, traditionnel, indispensable, est celui de Treil.
En le supprimant, on détruit l'identité de la famille ; en
supprimant celui de Pardailhan, on rend cette identité plus
éclatante, puisque le public ne sera plus exposé à confondre

(¹) « Le nom de terre, au sens spécial du mot, c'est, comme le dit Loyseau, un
» nom honoraire, un nom de luxe qu'on pourrait faire disparaître sans enlever à la
» famille la désignation dont elle a besoin. C'est un nom qui est venu se greffer
» sur le nom de famille pour constater ou simuler le droit de la famille sur un
» domaine. » (LEVESQUE, *Du Droit nobiliaire français*, p. 213.)

deux races aussi distinctes par l'origine que celle de Japhet
et de Cham par la couleur.

Autrement, nos adversaires continueraient à se dire non
pas Treil, non pas même Treil de Pardailhan, mais comtes
et barons de Pardailhan, selon l'habitude contractée.

La désignation de seigneur [1] de Pardailhan, adoptée
par un Treil, absent à l'Assemblée de la sénéchaussée de
Béziers en 1789, ne peut jamais être considérée comme
élément constitutif ou intégrant du nom. La jurisprudence
l'a déjà témoigné. Elle ne tient aucun compte des documents authentiques, affirmant la qualité de chevalier, sire,
seigneur, essentiellement séparables du nom. Aussi, la
prétention du sieur Palisot, dont les ancêtres avaient été
seigneurs de Warluzel, fut-elle repoussée par la Cour de
Paris, le 6 décembre 1861 :

« Qu'il résulte des actes de l'état civil, relatifs à plusieurs
» générations successives, que les ascendants de l'appelant
» ont toujours été désignés sous le nom de Palisot; que si,
» dans ces actes, le nom patronymique de Palisot est
» accompagné parfois des mots : chevalier, sire, seigneur
» de Warluzel et autres lieux, ces dénominations ne peu-
» vent être considérées comme incorporées au nom
» patronymique et en faisant partie. »

Et la Chambre des requêtes (5 janvier 1863) décide :

« Que ces appréciations sont souveraines, et échappent
» à la censure de la Cour de Cassation. »

Avant la Révolution, un rameau des Treil put prendre le
nom terrien de Pardailhan, comme d'autres adoptèrent les
dénominations locales de Saint-Martial et de Lavallongue.
Celles-ci s'étant abîmées dans la Révolution, ne furent pas
postérieurement restaurées; mais, en compensation, toutes

---

[1] Pas plus que celle de baron de Pardailhan.

les branches de la famille Treil, même les plus éloignées
de celle qui avait tenu la terre de Pardailhan, firent main-
basse sur ce dernier nom. Par cette propagation, on tendait
à lui donner un caractère patronymique que la justice ne
voudra pas consacrer. L'orgueil de nos adversaires est la
seule nécessité qu'ils puissent mettre en avant. Ils le font,
diront-ils, parce que leurs pères l'ont fait ([1]). La reconnaissance, d'accord avec leur amour-propre, prime la légalité.
Notez que ces prétentions engendrent le chaos. Ils ne savent
pas eux-mêmes ce qu'ils sont : les uns se disent comtes et
barons de Pardailhan, les autres seigneurs ou simplement
de Pardailhan.

L'usurpation de MM. de Treil présente le fâcheux caractère de celles que les tribunaux envisagent de mauvais œil,
suivant Dalloz : « Les additions de noms ont toujours été
» vues avec défaveur, surtout lorsqu'elles sont un moyen
» pour les réclamants de se procurer une illustration qu'ils
» ne trouvent pas dans leur propre famille. »

L'Ordonnance d'Amboise, donnée par Henri II en 1555,
et toutes celles postérieures d'Orléans (1560), Blois (1579);
les règlements du 18 janvier 1629, du 15 mars 1655, du
26 février 1665, du 4 janvier 1696, défendaient tous les
changements de nom et d'armes. La loi de germinal an XI
ne fut que l'appropriation de l'édit d'Amboise aux temps
nouveaux. Le tribun Challan ne le dissimule point dans son
introduction : « La confusion que l'abus des noms a fait
» naître dans un grand nombre de successions, et la juste

([1]) De tels subterfuges répugnent au bon sens ; ils autoriseraient le plaignant,
dont les ancêtres directs ont possédé les terres de Caumort, de Las Comes, du
Granchet, de Las, de St-Orens, de Saint-Martin, du Pimbat, de Pujos, de Gignan, à
laisser son nom pour prendre celui de l'un de ces fiefs. En partant de ce principe,
on arrive à des conséquences absurdes. Le descendant d'un grand seigneur
d'autrefois qui tenait des centaines de seigneuries pourrait maintenant relever tous
ces noms terriens et se les appliquer : il suffit de faire une telle hypothèse pour
faire ressortir l'énormité d'un tel raisonnement.

» sévérité des tribunaux envers les usurpateurs des noms
» (parce qu'en effet c'est *commettre un faux que de prendre*
» *un autre nom que le sien*), ont dû convaincre de la
» nécessité de remettre en vigueur l'ordonnance d'Amboise,
» qui défendait de changer de nom sans lettres du prince. »

Les prescriptions monarchiques de 1555 furent ainsi
restaurées par la République, qui négligea de les accompagner d'une sanction pénale. La loi du 28 mai 1858 a
comblé cette lacune, en sévissant par une amende sur les
changements ou les modifications de nom effectués en vue
d'une distinction honorifique. Le rapporteur constate que
ces faits « constituent un scandale dont l'opinion s'est
» émue, et qui est sérieusement punissable. » Il ajoute,
que la Commission « n'a pas hésité à vouloir qu'il ne restât
» pas plus longtemps impuni. »

La loi de germinal, celle du 28 mai 1858 et les ordonnances précitées sont applicables à la conversion du nom
de Treil en Pardailhan, qui est entièrement arbitraire, et
qui transforme, sans intervention du Gouvernement, la
désignation personnelle de nos adversaires.

Le Tribunal réduira les défendeurs à leur vrai nom ; de
cette manière, toute confusion sera prévenue. Enjoindre
simplement à MM. de Treil de ne pas isoler leur appellatif
patronymique de celui de Pardailhan, serait abandonner le
nom du consultant à la merci de ceux qui visent à devenir
ses sosies. L'usage passé n'est qu'une fâcheuse garantie
pour l'avenir, car on a vu les procédés de nos adversaires
lorsqu'on se confiait à leur bon plaisir.

V

LES NOMS DE *PARDEILLAN, PARDEILHAN, PARDALHAN, PARDAILLAN,*
PARDAILHAN, PARDILLAN, DÉSIGNENT TOUS, SANS DISTINCTION,
LES MEMBRES DE LA FAMILLE REPRÉSENTÉE AUJOURD'HUI PAR
M. LE COMTE PIERRE-THÉODORE-JULES DE PARDAILLAN.

Dans les documents et les collections du Cabinet des
Titres, des Archives de l'Empire ou des départements,
dans les Actes privés de la famille, le *Spicilège* d'Achery,
les Fonds Doat, le P. Anselme, les *Commentaires* de Monluc,
l'*Histoire du Languedoc,* partout où il est question des
Pardaillan-Gondrin, Panjas et de toutes leurs branches, le
mot Pardaillan est écrit tour à tour : PardELHa, PardILLan,
PardaLHan, PardEiLLan, PardEiLHan, PardAiLHan,
PardAiLLan. Malgré ces insignifiantes variations d'orthographe, ces noms désignent les membres d'une seule race,
et très souvent les mêmes individus.

En tête de la généalogie des Pardaillan-Gondrin et de ses
rameaux nombreux, uniquement représentés aujourd'hui
par le plaignant, le P. Anselme fait la même observation
que nous (¹).

. , Le passage de *a* à *e* peut s'expliquer de diverses manières, que ces voyelles soient concourantes ou isolées. Le
génie particulier de chaque dialecte modifiait l'écriture à sa
façon, et mettait, selon son penchant naturel, soit deux
ll soit *lh.* Le bordelais affectionnait *e* pour *a, Eymar* pour
Aymar. La décadence de l'orthographe romane, très marquée sous les derniers Valois, empira sous Louis XIII ;
alors les copies fourmillèrent de fautes, le *gn* et le *ll*

_____

(¹) Ce nom est écrit, dit-il, de trois manières différentes dans les titres : *Par-*
daillan, Pardeilhan, Pardillan.

firent invasion à la place de *nh* et *lh* gascons. Le nom de
Pardaillan, dont les titulaires étaient à la Cour, eut à subir,
plus que d'autres encore, l'influence française, qui était
devenue à la mode depuis l'expulsion des Anglais ; alors le
Pardalhan du moyen-âge devint *Pardaillan* ou *Pardailhan,*
forme identique. Quoi qu'il en soit, on trouve alternative-
ment dans les vieux actes *Corneiʟʟan, Corneiʟhan, Cor-
niʟhan; Guiʟʟem, Guiʟhem, Goʟart, Gaʟart, Gaʟhard;
Juiʟʟac, Juiʟhac, Pauiʟʟac, Pauiʟhac.*

Au yeux d'un philologue, l'E et l'A ne diffèrent pas sen-
siblement, d'abord parce que les voyelles sont muables
entre elles, et que le romano-provençal est enclin à la
grande ouverture de bouche, qui produit de préférence l'*a*
et l'*e*. Cette dernière lettre, plus fermée que la première
dans la prononciation, l'est cependant beaucoup moins que
l'*i*, dont l'usage est plus rare. Aussi trouve-t-on avec fréquence la syllabe médiale du mot *Pardaillan* avec un *a*
ou un *e* indistinctivement, et par exception *Perdilhan,* qui
trahit un notaire du Quercy ou d'outre-Garonne ; ailleurs il
peut et doit être une faute du scribe. L'instinct méridional
voit en effet dans *ilh, ailh, eilh* la même chose. En définitive, que MM. Treil prennent le nom de Pardailhan, Per-
deilhan, Perdilhan, la constitution syllabique est la même,
et ils sont, dans tous les cas, passibles de nos poursuites en
même temps que responsables de violations, mal couvertes
par de telles subtilités.

La règle ci-dessus est loin d'être immuable : là où des
phénomènes inverses se produisent, les deux modes co-
existent souvent dans le même titre. Les causes sont
multiples ; prenons les plus simples : Ceux qui dépouillent
journellement d'anciens manuscrits, sont frappés des altérations fréquentes subies par les noms propres. Avant que
la loi de fixité officielle eût été proclamée au moyen-âge, et

postérieurement, les officiers publics étaient exposés à toutes sortes d'erreurs et de bizarreries orthographiques occasionnées par le mauvais accent d'une clientèle plus qu'ignorante.

Ce n'est pas tout, les copistes, selon qu'ils étaient autochtones ou ne l'étaient pas, obéissaient aux habitudes de leur éducation ou au penchant de leur terroir, et ramenaient, dans les cas douteux, l'écriture au type vrai ou faux de leur convenance.

Plusieurs de ces variations s'appliquaient à la fois non seulement à diverses générations, mais aux mêmes personnes. Comme on vient de le voir, les noms propres se modifiaient d'abord au gré de l'influence dialectique, et ensuite selon le caprice des tabellions, qui transmettaient ces disparates à leurs successeurs (¹). Ceux-ci les perpétuaient quand ils ne les multipliaient pas. Voilà pourquoi et comment, dans les livres ou les manuscrits, l'orthographe de PARDAILLAN, ainsi que celle de tous les substantifs propres, n'est pas toujours identique. En résumé, dans le mot Pardaillan, que la voyelle, venant après le *d,* soit un *e* ou un *a,* et que les deux avant-dernières consonnes soient des *ll* ou des *lh,* le nom est toujours le même ; il représente une maison chevaleresque dont les rameaux ont une souche commune, affirmée par l'unité des armoiries, le P. Anselme, Moreri, les lettres-patentes de Louis XIV, les manuscrits des

---

(¹) Jusqu'au XVIIᵉ siècle, le notaire, en fixant des noms propres, percevait des sons qu'il exprimait en lettres selon sa fantaisie. L'essentiel pour lui était ensuite de pouvoir rendre à la lecture la tonalité du nom, de manière qu'elle fût saisissable pour l'oreille de son client, dont les yeux ne pouvaient exercer contrôle. Renouard, dans son *Lexique de la langue des troubadours,* donne, pour chaque mot, les différences d'orthographe. Ainsi, *Gaillard,* qui veut dire hardi, vigoureux, se présente dans les chartes et autres monuments, sous les aspects suivants : *Gaillart, Galhart, Gallard;* — *Ela* (elle), *Elha, Ella;* — *Cel* (celui), en romano-provençal, est encore plus varié, car on trouve *Celh, Cell, Sel, Selh, Sell;* — *Thalada* (incision), *Talliada, Tallada.* — *Jolia* (jolie), *Jolhia, Jollia, Julhia,* etc.

Fonds d'Hozier, les maintenues du *Nobiliaire de Montauban*
et d'Auch et la plupart des historiens français. La branche
aînée, qui a produit les ducs d'Antin, et la cadette, continuée
de nos jours par M. le comte Jules de Pardaillan, ayant été
plus constante que les autres dans l'écriture : Pardaillan,
celle-ci a par la suite prédominé, ce qui n'empêche pas
plusieurs devanciers du consultant d'orthographier aussi
Pardeilhan et Pardailhan. On trouve cette dernière forme
dans le contrat de mariage de son bisaïeul avec dame de
Barbotan, le 5 février 1614, et dans une série d'autres
actes. Le nom de Pardaillan, par sa nature syllabique, a
donc été l'un des moins variables; sous quelque forme qu'il
se présente (¹), il est nôtre et tout nôtre. Si nos adversaires
n'ont d'autres armes défensives que les lettres *e* et *h,* leur
défaite ne sera point pénible, et nous aurons vaincu sans
gloire comme sans péril.

Cette objection, tirée d'une lettre, est aussi connue que
fragile. L. Petit de Rouen la dénonçait dans ses satires
générales, en 1686, de la manière suivante :

> Mais combien de maisons encore toutes neuves
> Sont illustres pourtant, grâces aux fausses preuves.
> . . . .
> Une lettre à propos, dans ce nom ménagée,
> Ou, selon l'occurrence, une lettre changée,
> Fonde sa qualité, lui preste des ayeux
> Que l'on tire à plaisir des nobles les plus vieux.

Une juste remontrance a été appliquée par M. Léo Dupré,
procureur général, à ceux qui s'introduisent dans le foyer

(¹) « La grammaire et le bon sens, voilà les seuls éléments des décisions à
» prendre sur ces questions d'orthographe. Les juges, qui savent à quelles chances
» d'altérations étaient exposés les noms soumis à la plume des secrétaires et
» commis, doivent avoir sur ce point la conscience assez tranquille quand il s'agit
» de mettre l'individualité d'un nom d'accord avec celle de la famille à laquelle
» il appartient. » (*Lettres d'un paysan gentilhomme, sur la loi du 28 mai 1858,* par
de Chergé.)

d'autrui au moyen d'une lettre ou d'une conjonction. Pour que nos adversaires puissent méditer le blâme de l'éminent magistrat, nous le mettons sous leurs yeux : « S'imaginer » qu'un signe alphabétique possède une vertu magique, » qu'une particule nous transforme, qu'une apostrophe nous » grandit, qu'une majuscule déplacée nous élève au dessus » du commun, et à l'occasion de ce changement de nom, » changer de mœurs, de relations, et autant qu'on le peut » de patrie, qui le croirait, si nos yeux ne combattaient pas » le scepticisme de notre raison. »

Lorsque M. Hibon de Frohen demanda, en 1859, l'autorisation de porter le titre de duc de Brancas, le marquis de Brancaccio, l'ayant revendiqué, gagna son procès, bien que l'orthographe de son nom ne fût pas identique à celle de Brancas. La différence des terminaisons n'empêcha donc pas la justice de croire à la similitude des deux substantifs propres.

Cédons la parole à Dalloz : « Jugé en ce sens, que » quelques changements d'orthographe et de prononciation » que les noms de famille aient subis, et quelque laps de » temps qui se soit écoulé depuis ces altérations, les » descendants ont toujours le droit de reprendre le nom » primitif de leurs aïeux *(Nîmes, 6 juin 1839, aff. d'Adhé-* » *mar, v. n° 17)*, ce qui doit, à plus forte raison, être admis » sous la législation positive qui nous régit. »

En bonne logique, si la variation d'une lettre ne s'oppose pas à la reprise du nom, il me semble qu'elle ne peut guère non plus entraver sa défense.

Je crois inutile d'insister sur un argument qui serait à la fois puéril et ridicule ; pour éviter à nos adversaires la tentation de s'en servir, nous avons pris la peine de démontrer son inanité par une leçon qui eût été mieux à sa place dans un Traité de philologie.

VI

L'ARGUMENT TIRÉ DU NOM LOCAL DE PARDAILHAN, EN LANGUEDOC, N'ATTÉNUE AUCUNEMENT L'USURPATION DE MM. DE TREIL.

Notre plainte porte sur un appellatif et sur des attributs qui appartiennent en propre à la famille, résumée aujourd'hui par M. le comte Pierre-Joseph-Théodore-Jules de Pardaillan. MM. de Treil vont assurer qu'ils n'ont point souci de communauté originelle, qu'ils ne veulent pas contrefaire la marque de famille, que s'ils ont pris et gardé le nom de Pardailhan, c'est comme signe territorial; nobiliaire serait plus vrai. Dans le procès où M. Hibon de Frohen prétendait que le titre de duc de Brancas était une qualification et non pas le nom d'une race, la Cour de Paris fit cette réponse, qui est aussi la nôtre : *Une qualification héréditaire qui consisterait dans un nom propre, produirait évidemment le même effet que le nom lui-même* [1].

M. Hibon de Frohen devait son titre à la libéralité de la reine d'Espagne, tandis que MM. Augustin-Frédéric, Louis-Charles-Arthur de Treil et les autres ne doivent ceux de comte et de baron qu'à l'initiative de leur amour-propre. De ces deux cas, le premier était incontestablement le meilleur, ce qui ne l'a pas empêché d'être très mauvais aux yeux de la loi. Nos ressources offensives sont puissantes ; les facultés défensives de nos adversaires sont nulles.

L'instance en suppression du nom illégalement pratiqué par MM. Treil, se base sur la propriété exclusive du plai-

---

[1] La Cour de Cassation, raffermissant cette doctrine, défendit à M. Hibon de Frohen et à son fils, sous prétexte de qualification nobiliaire, de prendre un nom auquel ils n'avaient pas droit.

gnant. Elle est exempte de toute condition de forme, puisque le possesseur d'un nom patronymique peut appeler en justice ceux qui lui ont dérobé son bien le plus précieux. L'argument tiré de la distinction des familles ou des lieux est sans valeur; celui qui dérive d'une nuance orthographique dépasse toute aberration. On vient de le voir plus haut.

Le nom est constitué par l'occupation immémoriale, la transmission régulière, la tradition d'une contrée, et enfin l'éclat historique, quand il s'y trouve. Ceux qui le tiennent de cette façon sacrée ont le devoir de le protéger contre les surprises et les falsifications, d'où qu'elles viennent.

Nul n'a le droit de porter le nom de Pardaillan, s'il n'est patronymique; il pourrait l'être en dehors de la race chevaleresque de Gascogne, mais ce n'est pas le cas pour MM. de Treil, qui se l'arrogent en tout et partout. Voilà pourquoi nous les poursuivons comme nos faux homonymes. Leur déguisement en Pardailhan sur les listes électorales, dans les Dictionnaires d'adresses, leur correspondance, les affaires commerciales, dénature leur identité, et voile la nôtre. Le rôle du nom, qui est d'indiquer exactement la personne dans la société, se trouve alors perverti.

Procédons par analogie pour rendre notre pensée plus saisissante :

Quelqu'un met en circulation des jetons imitant à s'y méprendre une monnaie ayant cours; on le traduit en justice; il aura beau soutenir que son atelier est distant et distinct de celui qui fabrique les bonnes pièces; qu'en définitive les deux types ne sortent pas de la même matrice, le faussaire ne sera pas moins punissable. La provenance dans l'espèce n'est rien, l'identité est tout.

Autre exemple :

Un éditeur de Paris contrefait un livre qui est la propriété d'un de ses confrères de Lyon, par exemple. Sera-t-il admis à justifier sa fraude par l'éloignement de l'imprimerie et la différence des caractères?

La question est trop simple pour qu'on réussisse à la compliquer. Elle se réduit à ces termes : Avez-vous la propriété? Non : vous n'avez pas même la possession d'état, qui du reste ne vaudrait rien. Il sera établi tout à l'heure que l'une et l'autre vous font défaut. Le Tribunal restituera donc au poursuivant le nom et le titre ravis à sa famille par celle de Treil.

Je soupçonne qu'on va nous opposer une longue possession. D'abord, pour qu'elle fût valable jusqu'à un certain point, il faudrait qu'elle fût centenaire, et je défie les parties adverses de produire un acte établissant l'exercice continu du nom de Pardaillan et du titre de baron durant un siècle. Cette période même ne régularise point l'illégalité aux yeux des jurisconsultes : ce qui est vicieux au commencement, ne peut devenir régulier sous l'influence des années. « *Quod initio vitiosum est, non potest tractu* » *temporis convalescere* (¹). »

L'illégalité et l'insuffisante occupation de MM. de Treil, quant au nom et aux titres de la maison de Pardailhan, seront l'objet d'un paragraphe spécial, qui nous dispense d'insister maintenant sur ce sujet.

Le nom, on le sait, est rebelle au trafic. Il ne le serait pas si les ascendants de nos adversaires avaient pu l'acheter comme assortiment d'un domaine. Du moment que PARDAILLAN ou PARDAILHAN était un nom de famille, nul n'avait la faculté de l'appréhender et d'en faire usage. Aucune

---

(¹) L. 29 : *Dig. de regulis juris.* « L'usurpateur de mauvaise foi ne mérite aucune » grâce; celui qui est de bonne foi mérite indulgence; mais aucune possession, » quelque longue qu'elle soit, ne peut la légitimer. Il faut qu'il renonce à la » noblesse et qu'il indemnise pour raison des exemptions dont il a joui. » (MAUGARD. *Remarques sur la Noblesse*, page 189.)

transaction ne pouvait et ne peut le transporter à autrui.

Guyot, interprète du vieux droit, qui est encore debout, le proclame en ces mots : « Les autres (biens) au contraire, » comme le nom et armes, le rang, la noblesse, ne tombent » pas dans le commerce ; ils sont inaliénables ou incessi - » bles. Ce n'est point par le titre d'héritier ou de donataire » qu'on les possède ; il faut, pour y avoir droit, descendre » par les mâles, de ceux qui en ont joui. C'est le seul bien » indépendant des caprices ou des révolutions de la fortune ; » ce sont ces restes précieux de la vertu et de la gloire » des pères qui excitent, dans leurs descendants, une noble » et généreuse ardeur de les imiter. C'est ce qui a fait dire » à un des plus anciens et des plus célèbres interprètes du » droit romain, que dans le nom et dans les armes des » nobles réside principalement la mémoire d'une maison et » la splendeur d'une race. »

En 1789, un Treil se montre à l'Assemblée des États de Béziers, avec la qualité de seigneur de Pardailhan, qui n'était pas pour cela indissolublement liée au nom patrony-mique de Treil. Un arrêt de la Cour d'Orléans fit tomber (14 août 1860) la qualification de seigneur de Chénemoi-reau, que les Beauvais portaient à partir de 1752, c'est à dire depuis 108 ans.

« Que Victor-Philippe, aïeul de l'appelant, n'a jamais » pris le nom de Chénemoireau comme nom patronymique; » mais que depuis 1752, il l'ajoutait à son nom de Beau- » vais comme distinction honorifique, ainsi qu'il suit : » *Seigneur de Chénemoireau.....;* que Victor Étienne, père » de l'appelant....., après la mort de son père, survenue le » premier décembre 1787, a pris la qualification de *sei-* » *gneur de Chénemoireau.....,* et nullement le nom de » Chardon de *Chénemoireau,* etc. »

Si le nom de Pardailhan était unique dans l'ascendance

de MM. de Treil; si leurs devanciers n'en avaient jamais porté d'autre, alors il serait nécessaire, et partant indélébile. Le seul qui se trouve remplir très exactement ces conditions est Treil. Celui de Pardailhan est notre apanage unique. Supposons, en effet, que MM. de Treil poursuivissent, en vertu du nom terrien de Pardailhan, le possesseur du nom patronymique, leur action serait ridicule; tandis que la nôtre est légitime et méritante aux yeux de tous.

La demande de M. le comte Pierre-Joseph-Théodore-Jules de Pardaillan repose sur un droit de propriété absolu vis à vis de ceux qui ne l'ont pas même relatif. Le réclamant se tient sur le terrain des intérêts privés. S'il revendique les titres de comte ou de baron, c'est parce qu'on les préfixe à son nom.

Que les violations soient l'œuvre d'un étranger ou d'un allié, comme dans l'affaire d'Arblade, elles ne sont pas moins accomplies au détriment du consultant.

Si l'on fouillait profondément dans l'histoire, on trouverait sans doute les Pardaillan de Gascogne et de Languedoc s'élançant d'une souche commune (¹), à l'instar des Montesquiou et des Baulat, qui, de la première province, leur berceau, se transplantèrent dans la seconde. Les maisons de ces deux pays croisaient fréquemment leur sang par

(¹) Les rapports des familles de Languedoc et de Gascogne étaient fréquents; on les trouve souvent réunies et confondues dans les mêmes solennités. Ainsi, à l'exemption du péage concédée, le 6 des ides de juin 1182, par Bernard d'Armagnac et Othon, comte de Lomagne, à l'abbaye de la Grand-Selve, sise dans le diocèse de Toulouse, on constate la présence de Hugo de Pardela, de Guilhem de Gélas et de Bernard de Varagnes. Les deux premiers étaient Gascons et le dernier Occitanien. Plusieurs Pardaillan prirent du service chez les comtes de Foix, qui, possesseurs des vicomtés de Carcassonne, de Béziers et de Narbonne, durent leur remettre des commandements dans cette partie de leur principauté. Iode de Pardaillan, en qualité de procureur de Gaston, comte de Foix, opéra, en 1452, la saisie de plusieurs châteaux pour recouvrer 39,000 florins d'or d'Aragon qui étaient dus au grand feudataire de Foix par celui d'Albret. (*Bibl. Imp., Cabinet des titres. Coll. Doat,* vol. LXXVII, fol. 186. — *Archives de Foix pour l'abbaye de Bolbonne, Bibl. de Toulouse,* Mss.)

des mariages. Les gentilshommes qui s'éloignaient du manoir paternel, avaient l'habitude commémorative d'attacher le nom féodal de leur race à une terre de la patrie nouvelle qu'ils venaient d'adopter.

Ces recherches, nécessaires au raccordement des Pardaillan de la sénéchaussée de Béziers et d'Armagnac, sont tout à fait inutiles. L'usurpation consiste dans la prise du nom et de titres appartenant à autrui. Nous n'avons pas à nous inquiéter de la cause déterminante, qui ne peut être bonne, mais du fait et de ses conséquences. Que les défendeurs opposent propriété à propriété, en prouvant que le nom de Pardaillan ou Pardailhan est le leur aussi bien que le nôtre. La chose étant impossible, nous recourons à la justice pour les faire rentrer dans le nom de Treil, qu'ils abandonnent si volontiers.

VII

LES DE TREIL N'ÉTAIENT ET NE POUVAIENT ÊTRE BARONS
AVANT 89.

Présumant se donner un rôle dans le passé, les de Treil, qui n'étaient rien avec leur nom patronymique, jugèrent avantageux de l'associer à un autre. Dans la seconde moitié du xviiie siècle, ils acquirent la terre de Pardailhan, située dans la sénéchaussée de Béziers, juridiction de Saint-Pons. Avait-elle rang de baronnie lorsqu'elle tomba dans leurs mains? Je l'ignore. Le P. Anselme, Chasot de Nantigny, D. Vic et D. Vaissete, les manuscrits du Fonds d'Hozier, ne rapportent aucune érection relative à ce fief de Languedoc. Il n'en est pas ainsi pour les seigneuries de Gascogne tenues par les Pardaillan-Gondrin, car les auteurs précités et beaucoup d'autres rappellent que celles d'Antin, de Civrac, Bonas, Termes, Cère, Panjas, Montespan, Juillac, furent tour à tour élevées aux dignités de duché, marquisat, comté, vicomté, etc. Quant à la baronnie de Pardaillan, en Armagnac, ceux qui la possédaient, après lui avoir communiqué leur nom, furent les premiers barons de leur pays; ils l'étaient déjà (¹) depuis longtemps lorsqu'ils suivirent Saint Louis à la Croisade, l'an 1248, et lorsqu'ils assistèrent à l'Assemblée des feudataires du Fezensac, en 1274. « On connaît, » dit l'abbé Monlezun, dans son *Histoire de Gascogne,* tome II, page 163, « le proverbe » qui fixait le rang de nos quatre derniers grands barons. »

> Parlo Montaout ; arrespond Montesquiou ;
> Escouto Pardeillan ; que dises-tu Lahillo (²).

La tradition populaire a ainsi conservé le souvenir de la prééminence des Pardaillan sur la dynastie féodale des de l'Isle-Jourdain, l'une des plus puissantes du Midi. Nous donnerons plus loin les passages de la coutume de Vic-Fezensac, qui établissent ce titre dans le passé le plus lointain, ainsi que des extraits du P. Anselme, des lettres-patentes de Louis XIV, etc.

La prépondérance des sires de Pardaillan, leurs faits et gestes héroïques, leurs hautes alliances, marquent chaque page de l'histoire nationale. Aussi n'est-ce point sans préméditation peut-être que les deux derniers possesseurs (³)

(¹) Ils l'étaient même lors de la fusion des comtés d'Armagnac et de Fezensac, en 1140.

(²) Traduction :
> Parle, Montaut, réponds Montesquiou ;
> Écoute Pardaillan; toi, L'Isle, que dis-tu ?

(³) Les de Portes qui avaient en 1747 la terre de Pardaillan exhaussèrent son degré féodal, mais ils étaient de bon estoc. Le marquis d'Aubais, en ses *Pièces fugitives,* et M. Louis de La Roque, en son *Armorial de Languedoc,* ont dressé

du fief de Pardailhan, en Languedoc, lui attribuèrent le titre que porta durant toute la féodalité le castel d'outre-Garonne; par ce moyen, la confusion des lieux et des origines devenait plus facile pour les races futures. Notre prévention sera retirée quand Messieurs de Treil nous auront prouvé irrécusablement l'existence officielle de la baronnie avant leur installation. Ils devront donc, pour nous édifier, produire les lettres-patentes qui constituaient le fief en honneur, ou leur entérinement par le Parlement de Toulouse. Je veux même accepter que la seigneurie de Pardailhan, près Saint-Pons, fût une baronnie régulière. Tous ses propriétaires n'eussent pas été pour cela capables de recueillir le titre.

La loi qui régissait les baronnies écartait radicalement MM. de Treil, les nouveaux acquéreurs.

La communication du titre glebé ne pouvait s'opérer qu'au profit d'un détenteur d'extraction ancienne. Au reste, la noblesse qui procédait uniquement du fief était dépourvue de considération, parce que l'homme ne doit pas être anobli par la terre, et que la terre doit l'être par lui : « Nobilitas, » quæ procedit ratione feudi, est infirma, quia homo non » debet nobilitari per rem, sed res per hominem (¹). »

De Laroque repousse l'anoblissement par le fief, et soutient que l'acquéreur vilain, loin de monter au rang de la terre, la fait descendre à son niveau. Je copie :

« Les fiefs n'anoblissent point sans le consentement du » prince, dont la grâce doit paraître; car, comme la » lumière procède du soleil et les rivières de la mer, de

---

une échelle filiative de cette famille depuis 1542. Les de Portes, je présume, vendirent leur seigneurie aux de Treil, qui, quoique bourgeois et sans se préoccuper de leur vice de naissance, voulurent à leur tour se déguiser en barons.

(¹) MATTHEII; *De Afflct. in cons. regni Siciliœ.* — Chasseneux dit à son tour : « Si burgenses emant baroniam, ut plures faciunt, non tamen per hoc sunt barones, » nec inter barones sedere debeant, nisi id habeant a principe. »

» même la noblesse est une émanation de l'autorité souve-
» raine. Aussi *l'usage a toujours été* que les roturiers ne
» possèdent des fiefs que par souffrance, et qu'ils en sont
» incapables, si ce n'est en payant finance, pour avoir le
» privilége de les posséder. C'est pourquoi les fiefs, érigés
» en grande dignité en faveur des personnes illustres et de
» qualité, perdent leur rang et leur éclat en passant dans les
» mains des roturiers et des personnes de médiocre condi-
» tion, parce que l'intention du souverain n'est pas d'ériger
» une terre en haute dignité pour des gens qui achètent
» ces fiefs, mais en considération des services des impé-
» trants, des mérites de leurs prédécesseurs, et même
» dans l'espérance d'être encore servi par leurs descen-
» dants (1). »

Loin de combattre cette doctrine, les vieux légistes la
proclament en ce langage énergique :

« Que ce serait une chose répugnante qu'un roturier fût
» seigneur d'un fief de dignité qui ne convient qu'à la
» haute noblesse, et que s'il en était investi par autre que
» le roi, il pourrait être poursuivi par le procureur de Sa
» Majesté, par son seigneur de fief, ou même par les vas-
» saux de ce fief, d'en vider ses mains pour le transmettre
» à une personne capable (2). »

L'état social de MM. de Treil était inconciliable avec celui
de baron, qu'ils ont voulu s'attribuer à cette époque. Aucun
document ne consolide cette prétention; ceux que nous
avons, au contraire, la renversent d'une façon radicale. Le
titre de baronnie, s'il appartenait à la terre de Pardailhan,
ne pouvait être relevé que par un possesseur gentilhomme,
après redressement de sa ligne filiative, représentation de
ses preuves jusqu'en 1440, et après reconnaissance du

(1) *Traité de la Noblesse*, par de La Roque, chr. XVIII.
(2) Citation empruntée au *Droit nobiliaire français*, par Levesque, p. 113.

prince. Il fallait dater d'environ trois cents ans pour deve--
nir baron par le fait de la terre. En 1777 un feudiste
demanda que la fixation de l'année 1440 fût abolie et
qu'on imposât une période de quatre siècles (¹). Boutaric et
Despeisses réduisent la durée d'extraction à cent ans (²).
Or, Joseph de Treil avait acheté Pardailhan étant vilain.

L'ordonnance de Blois déclare que les roturiers acquéreurs de fiefs « ne seraient pour ce anoblis. » La terre
n'ayant pas la faculté de communiquer la noblesse à ses
détenteurs, pouvait encore moins les faire profiter de
titres, partage absolu des gens de vieil estoc. Cette interprétation de la loi ancienne est raffermie par la jurisprudence moderne : la Cour Impériale d'Agen, en effet, le
28 novembre 1857, motivait de la manière suivante un
arrêt qui peut servir de type dans les espèces semblables :
« Le débordement de cette noblesse achetée fut tel, que
» Henri III se crut obligé d'en tarir la source par son
» ordonnance de Blois de 1579. Elle porte, en effet, que
» les roturiers et non nobles, achetant des fiefs nobles ou
» en devenant possesseurs, ne seraient pour ce anoblis ni
» mis au rang et degré des nobles; que, depuis cette
» ordonnance, qui n'a jamais été abrogée, il fut établi en
» principe, qu'en acquérant le fief de l'ancien possesseur *on*
» *devenait seulement propriétaire de la terre sans succéder*
» *au titre;* que les appelans sont donc obligés, pour légitimer
» leur demande, de prouver que Jean Codère de Lacan,
» leur auteur, était noble à l'époque où il a acquis la ba-
» ronnie de Saint-Loup, etc. »

(¹) Toustain de Richebourg; *Précis moral et politique sur la Noblesse,* p. 108.

(²) Toutefois, sans ostensibilité précédente de roture, ce qui a fait dire à Maugard : « Par conséquent, celui qui ne peut satisfaire à ce qui est prescrit par
» l'article 25 de l'édit de 1600, n'est pas noble, et quoiqu'il prouve la possession
» centenaire de la qualité d'écuyer, il ne peut être maintenu. Il ne serait pas même
» dans le cas d'être anobli qu'autant qu'il l'aurait mérité par ses services personnels.»

Nous demandons à MM. de Treil de prouver absolument la même chose, c'est à dire qu'ils étaient nobles depuis cent ans au moins (¹) lorsqu'ils acquirent la baronnie de Pardailhan. Ce premier obstacle levé, tous les autres ne le seraient point, mais la question serait moins complexe.

La possession d'un ou plusieurs fiefs ne pouvait, par conséquent, donner la nobilité à qui ne l'avait point. Comme elle faisait défaut à MM. de Treil, ils ne purent recevoir de la terre de Pardailhan un rang que nous lui refusons. Quoique fermiers ou vilains la veille encore, il est possible cependant que l'un d'eux, vers 1783, fût en train de devenir noble par la profession militaire, ce qui ne créait pas l'ancienneté d'extraction, sans laquelle on était impropre à un titre quelconque. En définitive, si l'érection de la seigneurie en baronnie avait eu lieu, ils ne pouvaient en profiter; si elle n'avait pas eu lieu, par quels miracles se sont-ils trouvés qualifiés? Ils invoqueront sans doute quelques actes de l'état-civil, énonçant un titre et un nom dont la validité ne serait pas moins douteuse. Chérin, le plus consciencieux des historiographes officiels de l'aristocratie, excluait les gens de simple noblesse de tous les titres de dignités. En 1788, notons cette date, il réclama l'énergique intervention du Gouvernement pour combattre le danger des usurpations toujours renaissantes sur les registres ecclésiastiques. Il s'écriait : « Le mal s'est accru avec une » telle rapidité, qu'il est de nos jours presque universel. On » voit aujourd'hui généralement dans tous les actes publics

---

(¹) M. le comte de Lubersac, dans ses *Vues politiques et patriotiques sur l'administration des finances,* se montra plus exigeant que nous; il « voulait que tout » citoyen (à l'exception de ceux ayant fait leurs preuves de cour) qui se dirait » noble et prétendrait à la faveur d'être admis dans cette classe, serait obligé de » prouver au moins cent cinquante ans de noblesse militaire, ou acquise et méritée » par quelque action patriotique, recommandable, et généralement reconnue telle » par quatre maisons distinguées de province. »

» et passés devant notaires, dans les actes de célébration de
» mariage, de baptême et de sépulture, et jusque dans les
» tribunaux même, usurper avec audace et sans aucune
» espèce de retenue des qualités nobles, lorsqu'on n'est vé-
» ritablement que roturier par la naissance; s'arroger des
» titres superbes, lorsqu'on n'a de place marquée que dans
» l'ordre de la plus simple noblesse, et se parer fière-
» ment de livrées et d'armoiries empruntées. Les suites de
» ces usurpations de qualifications réclament la vigilance et
» l'attention du Gouvernement, et il est sans doute instant
» que de sages lois mettent un frein à ces désordres (¹). »

Le sentiment de Chérin a été adopté par la Cour impériale d'Agen :

« . . . . . Qu'il en est tout autrement pour les qualifica-
» tions nobiliaires; car de ce qu'un titre est donné à un père
» dans l'acte de naissance de son fils, il n'en résulte pas
» nécessairement que le fils soit en possession de ce même
» titre. . . . .; que si, comme
» l'a fait le Tribunal de Nérac, on n'allait puiser la preuve
» du droit prétendu que dans des actes authentiques et des
» actes de l'état-civil, on transformerait les notaires et
» maires en dispensateurs de titres nobiliaires; et ces offi-
» ciers publics, trompés par les parties intéressées, feraient
» des nobles à volonté (²). »

De toutes les considérations qui précèdent, il est permis
de conclure que l'addition préexistante du nom de Pardailhan
à celui de Treil est sans aucune portée.

Les de Treil n'avaient pu s'attribuer la noblesse de race
d'abord, et un titre ensuite, pour cause de charge militaire.
François seul avait servi ou plutôt servait en 1785. Il

(¹) *Abrégé chron. d'édits, déclarat.,* concernant le fait de la Noblesse.

(²) Arrêt du 28 août 1860.

ne pouvait s'illusionner sur l'effet de sa présence dans les armées du Roi. Dalloz va lui apprendre pour quel motif : « Quant aux officiers d'un grade inférieur à celui de maré-
» chal, l'anoblissement était, à leur égard, subordonné à
» certaines conditions. Il fallait que leur père et aïeul,
» ainsi qu'eux-mêmes, eussent servi pendant un certain
» temps dans certains grades déterminés; il fallait de plus,
» qu'eux-mêmes, et dans certains cas leur père et aïeul,
» eussent été élevés au titre de chevalier de Saint-Louis. »

Dans la brochure *Du droit d'anoblissement et de l'usur-pation de la Noblesse en 1789,* M. Théodore Crépon fait pareille remarque : « Bien que les juristes posassent en
» principe que le métier des armes n'anoblissait pas,
» l'usage s'était introduit à la Cour des Aydes de décider que
» la possession du père et de l'aïeul entraînait la noblesse
» pour la troisième génération. »

Sans partager cette manière de voir, nous demanderons à MM. de Treil, s'ils sont devenus nobles par ce procédé, d'aligner successivement trois degrés militaires (¹) avant l'époque où, soit François de Treil, soit son fils, prirent le nom de Pardailhan et le titre de baron? Ils ne le feront point, pour cause d'impossibilité; d'ailleurs, cela ne les avantagerait pas beaucoup, car il resterait toujours à pro-duire une nobilité remontant à cent années, sans trace antérieure de roture. Cette qualité d'extraction était la seule qui pût convenir à la dignité d'un fief.

Voici, à propos de ceux qui s'affublaient de titres facti-ces, l'opinion émise par Freminville en 1709 : « D'ailleurs,
» combien se trouve-t-il, parmi la noblesse, d'usurpateurs
» de titres, de dignités et honneurs : ce qui est véritable-

(¹) Maugard était plus dur lorsqu'il écrivait en 1788, dans ses *Remarques sur la noblesse :* « Quel est l'état qui désigne un noble en France? La profession des » armes. Or, l'avez-vous exercée avant 1587? Prouvez-le par titres authentiques. »

» ment des crimes d'État très punissables, parce qu'ils
» troublent la société. Tout usurpateur est un injuste
» possesseur du bien d'autrui, que ce soit par violence ou
» insidieusement, cela est égal. Combien en voit-on
» prendre la qualité d'écuyer, de messire, chevalier, baron,
» vicomte, marquis, qui n'ont réellement aucune de ces
» qualités (¹). »

La Place répète la même chose en moins de mots : « Ce
» qui rendit le titre de baron si commun que tous les hauts
» justiciers qui avaient usurpé le droit de ressort, usurpè-
» rent aussi cette qualité (²). »

L'achat d'une terre titrée imposait à l'acquéreur de faire
renouveler l'érection à son profit. De cette façon, l'État
pouvait constater si la noblesse était dans les conditions de
date ou de durée requises pour recevoir la qualification du
fief. Si le titre de baron de Pardailhan n'était pas accessible
aux de Treil, *a fortiori* celui de comte aujourd'hui.

En effet, les Treil ne pouvant pas le moins, ne devaient
pas pouvoir le plus.

Maugard n'est pas moins explicite, et son indignation se
manifeste, non point, comme les deux précédentes, au commencement du xviiie siècle, mais à la fin, puisqu'il écrivait
en 1788. C'est juste l'époque où MM. de Treil revêtaient
subrepticement le titre de baron à Paris, tandis que chez
eux, au lieu même de la prétendue baronnie, ils n'osaient
point en profiter. Nous transcrivons le passage de Maugard :

« Personne ne disconviendra qu'aujourd'hui tous les
» rangs ne soient confondus; que les titres d'honneur, qui
» n'étaient accordés autrefois qu'aux gentilshommes d'an-
» cienne extraction et pour récompense de services

(¹) Fremimville ; *les Vrais Principes des fiefs,* p. 41, 2ᵉ col.

(²) *Dictionn. des fiefs,* par La Place, p. 128 et 129.

» éclatants, ne soient usurpés de la manière la plus scan-
» daleuse par des personnes dont la noblesse est, sinon
» très équivoque, au moins très nouvelle.

» Cet abus est d'une conséquence très dangereuse. Tant
» que les titres d'honneur pourront être usurpés impuné-
» ment, personne ne s'empressera de les mériter ; on trou-
» vera plus commode de s'en décorer soi-même que de les
» acquérir au prix de son sang ou de ses veilles. C'est une
» des sources du malheur public.

» L'État, n'ayant plus de récompenses honorifiques à
» accorder, se trouve nécessairement obligé d'en donner de
» pécuniaires. Ce sont les seules que l'on recherche
» lorsque les dignités sont avilies au point de ne pouvoir
» plus être regardées comme des distinctions. De là, diffé-
» rentes espèces de grâces qui diminuent les revenus de
» l'État, et cette multitude de pensions et de gratifications
» qui en augmentent les charges. »

Tous ceux qui ont abordé la question de la propriété du
nom et des titres accablent de blâmes sévères les super-
cheries tendant à remplacer la prérogative souveraine, qui
seule avait le pouvoir de dispenser le privilége de caste
et de dignité. Chevrier, dans son *Paris* (1767), exécute les
contrevenants en trois lignes :

« Toute noblesse qui n'est point accordée par des lettres
» du prince qui constatent avec vérité les motifs de la
» grâce qu'il accorde, est une usurpation imaginée par
» l'amour-propre et tolérée par l'intérêt. »

M. A. Chassant, page 207 de son livre : *Les Nobles et les
Vilains*, dit, en s'appuyant sur Jean de Caumont, à propos
du noble qui avait jugé avantageux pour son ambition de
se vêtir des qualités d'autrui : « Il est menteur, il est
» *vilain*, il est larron du titre de noble. Aussi ne croyez pas
» que celui qui a débuté par s'emparer d'un nom de

» noblesse, s'en tienne aux armoiries que conséquemment
» il s'est attribuées. Oh! non; il faudra encore à l'usur-
» pateur, enflé de ses succès, un titre qui arrondisse sa
» vanité ou caresse une coupable entreprise. »

Si nous voulions faire avancer toutes les autorités qui
militent en faveur de notre thèse et contre les prétentions
exposées dans ce Mémoire, nous le surchargerions de
textes non moins variés que concordants; mais la conviction
de tous doit être assez profonde pour rendre inutiles d'autres développements.

Les nobles qui changeaient leur condition sociale par la
prise d'un titre étaient eux-mêmes vertement tancés par les
auteurs contemporains. Or, s'ils étaient coupables, comme
on va le voir, les de Treil, avec leur caractère roturier,
l'étaient deux fois plus.

Le marquis de Châtelet (P. Hay), dans son *Traité de la
politique de France* (¹), vitupère les gentilshommes qui se
rabaissent en voulant s'élever furtivement et fictivement
dans la hiérarchie nobiliaire, et qui ne reculent pas devant
la continuité de l'imposture pour la satisfaction de leur
orgueil.

« Je ne saurais, dit-il, m'empescher de blâmer les gen-
» tilshommes qui, de leur autorité privée, se donnent le
» titre de chevalier, de marquis et de comte. C'est une
» usurpation honteuse, et qui fait injure à la noblesse, bien
» loin d'en rehausser le lustre. Car un gentilhomme qui
» prend la qualité de marquis, sachant bien qu'il ne l'est
» pas, fait un perpétuel mensonge, ce qui est directement
» opposé à son honneur et à la profession qu'il fait. »

Baquet va plus loin encore : le nouvel acquéreur du fief
de dignité, même quand il est noble, ne saurait le conserver

(¹) Édité en 1669.

régulièrement sans avoir obtenu ratification de la couronne :

« Si quis nobilis emptione, donatione, aliove contractu
» quam benificio aut indulto vel successione legitima,
» baronatum, comitatum, aliamve majorem dignitatem
» obtineat, eamque in familia sua retinere cupiat, regis
» soleat accedere confirmatio (¹). »

L'usurpation des dignités était favorisée par l'indifférence
des agents du fisc. Ceux-ci vérifiaient plus rigoureusement la
qualité de noble, parce qu'elle entraînait des priviléges dont
l'accroissement eût porté atteinte aux ressources de l'État.
Les traitants, au contraire, désintéressés dans la question des
titres, les laissaient à la merci de la hardiesse et de la vanité.

Les personnages pourvus d'honneurs officiels ou notoires,
comme les Pardaillan, n'osaient plus les laisser paraître. Ils
avaient peur, en les montrant, d'être assimilés à la masse
des pseudo-qualifiés (²). Le comte de Bussy, en présence de
l'avilissement dont son titre était l'objet, résolut de le déposer. Mᵐᵉ de Sévigné, dans une lettre datée des Rochers
(29 décembre 1675), cherche à détourner son parent de
son dessein. Saint Simon, dans ses *Mémoires,* ne dissimule
pas « que les titres de comte et de marquis sont tombés
» dans la poussière, par la quantité des gens de rien et
» même sans terres qui les usurpent, si bien que les gens
» de qualité qui sont marquis ou comtes, se trouvent blessés
» de ces titres. »

Un ancien magistrat, M. de Sémainville, dans son *Code*

_____

(¹) Fol. 228 (Laroque, *Noblesse,* ch. XX). — Levesque, p. 115.

(²) « J'ai reçu, Monsieur, votre ouvrage sur la noblesse ; je désire que le Gouver-
» nement s'en occupe : ce serait un bien d'autant plus grand, que l'abus de l'usur-
» pation de la noblesse et des titres honorifiques est très répandu. Je ne vois que
» *chevaliers, barons, marquis, comtes, qui ne sont pas nobles,* et qui jouissent du
» privilége de la noblesse à la charge du pauvre peuple, qui supporte tous les im-
» pôts. » (*Lettre à M. Cherin, sur son* Abrégé chronologique des édits ; *Paris,* 1788.)

de la Noblesse, page 581, dénonce les mêmes manœuvres :
« On continua de voir une foule de seigneurs et de gens de
» cour s'attribuer le titre de baron, et le porter impunément
» jusqu'au moment où, la même usurpation ayant eu lieu
» pour les titres de marquis, de comte et de vicomte,
» personne, dit le marquis de Boulainvilliers dans son
» *Histoire de la Pairie,* n'en voulut plus. »

Le titre de baron, porté furtivement par un membre
de la famille Treil, offrirait-il avant la Révolution une
apparence d'usage, qu'il n'aurait pas plus de validité? Le
motif est bien simple. « Les titres de courtoisie, attachés
» dans l'ancien régime aux présentations à la cour, n'étaient
» pas plus héréditaires que ces présentations elles-mêmes [1].»

Ceux qui n'avaient pas de qualifications réelles s'en
créaient de fictives aussitôt qu'ils gravitaient de près ou de
loin autour du trône. L'habitude et le cérémonial de la cour
imposaient au roi de n'adresser la parole qu'à des gens
titrés. Si, dans l'accueil ou l'entretien, Sa Majesté les avait
favorisés d'un rang quelconque, ils se considéraient comme
immédiatement transfigurés ! Pure illusion de leur orgueil :
aucun droit sérieux ne pouvait découler de la complaisance
souveraine. La signature du monarque au bas d'un contrat
de mariage où l'on se targuait de qualités postiches, ne
les légitimait point, car nous savons par Saint-Simon que
« le roi ne voulait ni les (titres) confirmer ni les admettre ;
» c'est ce qui produisit cette déclaration qui fit que sa
» signature ne confirmoit rien et n'autorisoit rien dans les
» contrats de mariage, hors de sa famille, et qu'elle n'étoit
» simplement que d'honneur [2]. »

Rien de tout cela, ajoute M. de Sémainville parlant des

[1] *De la noblesse et de l'application de la loi contre les usurpations nobiliaires,*
par M. Pol de Courcy, p. 3 et 4.

[2] *Mémoires,* t. VI, chap. XXVI, p. 385 et 386.

titres insérés dans les pactes de mariage ou échappés à la bouche royale, ne constituait un droit véritable (¹).

Eh bien ! MM. de Treil n'ont pas même la ressource d'avoir été qualifiés barons par la galanterie monarchique ; ils ne l'ont jamais été que par leur charité bien ordonnée.

« Les actes notariés et ceux de l'état-civil ne peuvent » être invoqués comme possession de titre nobiliaire, » tel est le sentiment de M. de Courcy. Les transactions ou les inscriptions étaient presque toujours accomplies en présence de témoins qui n'avaient aucun intérêt à repousser les qualifications énoncées par les contractants. « Ainsi, de nos » jours, poursuit l'écrivain précité, le nombre des distinc- » tions honorifiques grossit démesurément, sans autre » prétexte que la préexistence d'un titre, gratifié à un » ascendant par son curé et son tabellion, sur un acte de » mariage ou un bail à ferme. » Cette opinion et l'autorité de celui-qui l'émet discréditent d'avance les rares pièces avec lesquelles MM. de Treil se réservent sans doute de nous combattre.

Une ordonnance royale du 1ᵉʳ mars 1819 avait concédé à M. de Terray les titres et le nom de vicomte de Morel-Vindé, son aïeul maternel. A la suite de cette grâce souveraine, le tribunal de la Seine, par jugement du 26 mars 1845, ordonna l'addition des susdits titres et noms sur les regis- tres de l'état-civil. Aucune opposition ne se produisit ; mais d'office et dans l'intérêt de la loi, le ministre de la justice déféra ce jugement à la cour suprême, comme entaché d'excès de pouvoir. Par arrêt du 22 avril 1846, conformé- ment aux conclusions de M. le Procureur général Dupin,

(¹) Un arrêté de la Commission du Sceau, en date du 14 mai 1818, déclare qu'un titre donné dans une lettre émanée des bureaux, même au nom du Souverain, n'est une preuve ni de concession ni de possession.

la Cour annula la sentence du tribunal civil. Si cette juridiction n'a pas le pouvoir d'introduire des distinctions vraies dans l'état officiel des personnes, comment des particuliers auraient-ils le droit d'y insérer des qualités fausses?

La cour de Paris, par arrêt de 1859, refusa à M. Hibon la faculté de se qualifier duc de Brancas, honneur qui lui avait été conféré par le roi d'Espagne. Cette sentence fut motivée par la raison « que le nom patronymique est la » propriété d'une famille, et ne peut, en l'état de la légis» lation, être transporté d'une famille à une autre sans les » formalités légales, » par la raison aussi « qu'une qualifi» cation héréditaire produirait en réalité le même résultat » qu'une dénomination.» Il faut noter maintenant, que dans l'espèce tout est au pire, car aucune forme régulière ne se présente, ni dans le passé, ni dans le présent. MM. de Treil ne peuvent justifier leurs prétentions que par la hardiesse de leurs ascendants et la leur. N'ayant jamais eu souci de légalité, ils ne sauraient être traités plus favorablement que ceux qui en ont fait un usage préliminaire.

La position militaire (¹) d'un Treil, dans les cinq ou six années qui précédèrent la Révolution, ne peut couvrir les

(¹) Thomas-François de Treil fut nommé enseigne dans la compagnie suisse de la garde de Monsieur, le 11 janvier 1782, et lieutenant le 2 février 1787.

D'après le règlement de 1600, les fonctions militaires n'impliquaient aucune noblesse; « voire on a autrefois estimé que toutes les places de ces compagnies, » ensemble les charges de capitaine en chef de gens de pied, lieutenants ou ensei» gnes, eussent droit d'ennoblir; mais ce règlement de 1600 a décidé le contraire » en l'article 25, les déclarant seulement exempts de tailles, comme simples privi» légiés, et tant qu'ils continueront le service, sauf à eux, après vingt ans de » service, à obtenir le privilége de vétéran; et ajoute qu'à l'avenir les roturiers qui » tiendront ces places ne jouiront d'aucune exemption qu'après avoir servi dix ans » entiers, et pour autant de temps qu'ils continueront à servir. . . . . »

. . . . « Il faut aussi distinguer hardiment, d'avec les nobles, les simples » exempts de tailles par privilége, comme les menus officiers domestiques du roy » et des princes, privilegiez et autres semblables; ceux-là n'ont que demi-noblesse » et ne sont pas tenus pour nobles en aucune occurrence, hors exemption des tailles. » Mesme quand ces offices auroient été en six générations, elles n'apporteroient » ni noblesse ni exemption. »

usurpations de la famille. La lettre suivante établit d'ailleurs que les qualifications de certains hauts gradés, en ce temps là, étaient peu authentiques. Elle fut adressée, le 8 juin 1748, par M. de Clairembault, généalogiste des ordres du roi, au premier commis de la guerre. Celui-ci désirait connaître le sentiment du juge d'armes touchant les titres qu'il était appelé à inscrire sur les brevets des officiers dont les familles n'avaient pas un rang notoire.

La réponse de M. Clairembault fut très sévère ; elle l'eût été davantage quelques années plus tard, c'est à dire à l'époque de l'admission de François-Thomas de Treil dans les mousquetaires. Nous donnons un extrait de ladite missive : « Les titres de marquis, comte et baron sont devenus » aussi communs et aussi prodigués pour les militaires que » celui d'abbé pour les abbés sans abbaye. Il est vrai que » ces titres, n'étant pas soutenus par des lettres-patentes » d'érection registrées, ne sont utiles que pour les adresses » de lettres et les conversations avec les inférieurs (1). »

Le règlement de 1781 vint élargir encore l'entrée du service militaire, où beaucoup de petites gens purent passer en contrebande ; ce qui fit dire à Maugard : « Il arrivera » donc quelque jour, que la Cour des Aydes condamnera » comme usurpateur quelque Lyonnais qui aura été au ser- » vice, d'après le prétendu règlement de 1781. »

Les titres transmissibles étaient autrefois effectifs ; aujourd'hui, ils ont un caractère purement honorifique. La législation civile, s'inspirant des idées de 1789, a effacé toute trace de hiérarchie ou de supériorité territoriale ; c'est l'esprit anti-féodal qui a dicté l'article 638 du Code Napoléon : « La servitude n'établit aucune prééminence d'un » héritage sur l'autre. » Aussi le rapporteur de la loi du

---

(1) De Courcelles ; *Dict. universel de la Noblesse de France*, t. II, p. 369.

28 mai 1858 a-t-il constaté avec intention, que « les titres
» usités parmi nous ne sont plus qu'une distinction nominale;
» qu'ils font partie du nom et se confondent avec lui, » c'est
à dire qu'on le comtise ou le marquise, pour me servir de
deux verbes créés par Saint-Simon.

En appliquant les principes ci-dessus, la qualification
locale adoptée par MM. Treil est la négation de la loi ancienne, et surtout de la nôtre, aux yeux de laquelle la
noblesse de France est simplement décorative.

La chute des priviléges avec le vieux régime n'a laissé
debout que de pieux ornements, reconnus par les chartes de
1814, de 1830 et par le gouvernement actuel. Sachant que
les titres d'autrefois ne pouvaient plus être subordonnés à
la possession des fiefs perdus et morcelés; sachant aussi que
les désignations topographiques étaient interdites par la
législation actuelle, la plupart de ceux qui, sous la Restauration et postérieurement, voulurent relever les distinctions de leurs ancêtres, se bornèrent à les préfixer devant
leur nom patronymique. Les qualifications domaniales de
jadis sont ainsi devenues personnelles. Nos adversaires sont
donc libres, si la justice toutefois ne les contrarie point, de
faire précéder le substantif Treil d'un titre quelconque; mais
il ne leur est pas permis de le mettre devant celui de
Pardaillan, qui n'est aucunement leur propriété.

Finalement, l'acquisition des fiefs, depuis l'ordonnance
de Blois en 1579, n'entraînait plus aucune prérogative de
caste ou d'honneur. Il était nécessaire, pour hériter d'un
titre, d'être collatéral, de tenir une noblesse de race ou
d'être nanti par grâce monarchique. L'idonéité requise faisait
donc trois fois défaut aux Treil pour accaparer le rang qu'ils
prêtent à leur terre de Languedoc.

VIII

LE TITRE DE COMTE DE PARDAILHAN, PRIS PAR M. AUGUSTIN FRÉDÉRIC DE TREIL, ÉTANT PUREMENT IMAGINAIRE, EST FRAPPÉ PAR LES ANCIENNES ORDONNANCES ET LA LOI DU 28 MAI 1858.

Il est de mode aujourd'hui de faire avec des écus héraldiques de la petite monnaie, c'est à dire que les enfants mâles d'un duc prennent, dans l'ordre de primogéniture, toutes les qualités inférieures au degré paternel. M. Augustin Frédéric de Treil, demeurant à Paris, rue de Douai, n° 69, en se disant comte de Pardailhan (¹), opère d'une façon inverse : au lieu de baisser son titre, il le hausse. Un de ses parents se prétend baron; il monte au degré supérieur et s'improvise comte. Il serait curieux de connaître les moyens qui justifient cette ascension héraldique, du sommet de laquelle le plus léger examen peut le faire choir. M. de Treil se qualifie comte de Pardailhan dans ses lettres de faire part, dans l'Almanach Bottin, dans l'*État présent de la Noblesse,* et s'appelle simplement *de Pardailhan* sur les listes électorales de 1860; ce qui appert d'un extrait en due forme de la mairie du neuvième arrondissement, où le nom de Treil n'est pas mentionné. La condamnation de M. d'Arblade par le tribunal de la Seine, qui l'obligea à effacer le nom et le titre de comte de Pardaillan, gravés sur une tombe, n'a pas fait déposer ses armes d'occasion à son imitateur de la rue

---

(¹) L'*État présent de la noblesse,* pour désigner M. Augustin-Frédéric de Treil, emploie la même orthographe que nous pour le plaignant, c'est à dire les deux *ll,* soit *Pardaillan.* M. de La Roque l'écrit de même dans son *Armorial de Languedoc,* en mentionnant la seigneurie de cette province qui appartint aux de Portes d'abord et aux de Treil ensuite.

de Douai. Il devait cependant être averti de son imprudence par les échos de la presse et des débats judiciaires. Sa persistance a été téméraire, car aujourd'hui, après lui avoir inutilement réclamé la communication des actes qui légitiment son nom de Pardailhan et le titre qui le précède, nous remettons notre demande aux mains de la justice. La production désormais pourra être difficile, mais non refusée.

Mes recherches n'ont pu me faire atteindre les documents qui la constituent. Nous avons trouvé dans l'ancien Cabinet d'Hozier, le P. Anselme, Moreri, les Archives de l'Empire et des Hautes-Pyrénées, la constatation ou l'érection de la baronnie de Pardaillan en Gascogne, de celle de Gondrin, des marquisats de Montespan, de Termes, de Bonas, des comtés de Sivrac, de Cère, tous colloqués sur la tête des Pardaillan Gondrin, dont la race est aujourd'hui personnifiée par le plaignant. Pas une pièce, pas un livre ne fait mention du comté de Pardailhan en Languedoc, pas même de la baronnie.

M. le comte Théodore-Jules de Pardaillan est désireux de connaître les documents qui font M. de Treil son ménechme. Il veut que la justice, dont l'œil est pénétrant, distingue entre les deux. Ce n'était pas assez de s'agréger à la famille par le nom, il fallait encore compléter la méprise en ajoutant la qualité. Un tel fait dénote l'intention de se substituer au consultant à l'heure favorable et dans un avenir plus ou moins prochain. Le tribunal appréciera cette surcharge d'usurpation, qui rentre dans l'ordre de ces métamorphoses que M. le garde des sceaux (1) signalait, il y a quelques années, comme inspirées par l'intérêt ou le calcul et destinées à capter la confiance publique.

Saint-Simon dit quelque part dans ses Mémoires, à

(1) Dans un rapport où il faisait ressortir la nécessité et l'opportunité de mesures répressives.

propos d'entreprises semblables : « Elles furent trouvées
» ridicules, on s'en moqua, mais elles subsistèrent et tour-
» nèrent en droit. »

Les faiblesses de l'orgueil persistent aussi bien que jadis.
Notre société n'a pas beaucoup progressé depuis le temps
où d'Hozier écrivait : « Il y en a plusieurs en cette pro-
» vince, qui s'attribuent, sans titres légitimes, ces qualités
» de marquis ou de comtes; mais il ne s'en trouve rien
» dans les registres du Parlement, hors des défenses à plu-
» sieurs modernes de prendre lesdites qualités, que quantité
» de personnes abusivement portent aujourd'hui par toute
» la France, sans autre droit et fondement que parce que
» leurs valets les appellent ainsi (¹). »

Tout ce qui a été produit plus haut contre le titre de
baron de Pardailhan peut être étendu et appliqué à celui de
comte, dont un membre de la famille Treil s'est récemment
décoré.

De La Roque a stigmatisé de tels actes dans cette phrase :
« D'abord il était reconnu en principe, que *c'était un*
» *crime de faux* d'apporter du changement aux *armes* et aux
» *noms*, dès le moment qu'ils avaient été fixés (²). » La loi
de germinal an XI est du même avis : le tribun Challan,
son rapporteur, n'a-t-il pas dit : « Parce qu'en effet c'est
» *commettre un faux* que de prendre un autre nom que le
» sien. »

L'ordonnance du 25 août et du 4 septembre 1817, con-
firmant celle du 4 juin 1809 et du 3 mars 1810, réglait la
hiérarchie des titres accordés par lettres-patentes, et permettait, nous le répétons, au fils d'un duc et pair de se
qualifier marquis; au fils d'un comte, vicomte; au fils d'un

(¹) *Recueil armorial de Bretagne,* par le sieur d'Hozier, 1738.

(²) DE LA ROQUE; *Traité de la Noblesse,* p. 186 de l'édit. de 1710, in-4°.

baron, chevalier. M. de Treil, en se faisant, *proprio motu,* comte de Pardailhan, a renversé cet ordre de choses. Visant, non pas au-dessous, mais au-dessus, il s'est élancé au titre de comte, quand la vanité d'aucun des siens n'avait jamais franchi celui de baron. Notez que la gradation descendante du premier Empire était uniquement limitée aux dignitaires de la pairie. Quant à ceux qui ne l'étaient point, l'indivisibilité des titres, considérés par d'Aguesseau comme une maxime d'ordre public, demeurait immuable.

Je veux être généreux et m'imaginer provisoirement que M. de Treil est un Pardailhan de naissance et non de caprice, le titre de comte achevant le rapport de son nom et de celui du consultant, ce dernier serait dans son droit en lui demandant la provenance d'une qualification d'où résulterait une identité fâcheuse (¹).

Ce que nous poursuivons néanmoins, ce n'est pas un titre, c'est l'imitation du nom de Pardaillan et de la manière d'être de celui qui le personnifie légitimement. M. Augustin-Frédéric de Treil a cliché le nom de Pardailhan jusque dans la qualification qui l'assortit; ensuite il a tiré tous les exemplaires nécessaires à ses besoins de parade et autres. Le patrimoine du prochain a conséquemment été envahi. La juridiction civile est seule capable de lui faire obtenir réparation. Le ministère public aurait néanmoins le droit d'agir d'office : deux arrêts, dont l'un du 22 janvier 1862, le constatent. M. le Procureur-général Dupin a même érigé ce principe en thèse générale : « En dehors des » cas où le ministère public donne de simples conclusions, » comme partie jointe, il a un droit qui lui est propre : » celui de se détacher de l'intérêt privé et de conclure, de

---

(¹) Si je m'appelle Titius, dit M. Levesque, et si un autre prend le même nom, ne pourrai-je pas, tout en reconnaissant qu'il est bien Titius, contester qu'il soit comte? (*Du Droit nobiliaire français,* p. 336.)

7

» requérir, d'agir dans l'intérêt public, toutes les fois que
» cet intérêt surgit au milieu du procès. »

Si M. Augustin-Frédéric de Treil avait des enfants à l'heure
du tirage au sort, sa dénomination nouvelle pourrait créer
des difficultés. La loi de 1858 a armé le parquet de manière
à prévenir ces abus, puisqu'elle punit d'une amende de
cinq cents francs à dix mille francs quiconque, sans droit
et en vue de s'attribuer une distinction honorifique, aura
publiquement pris un titre, changé, modifié ou altéré le
nom que lui assignent les actes de l'état-civil.

M. Augustin-Frédéric de Treil, en renonçant à ce dernier
nom pour celui de comte de Pardailhan, dans sa vie publique, et de Pardailhan sur les listes électorales, a foulé
aux pieds la loi du 28 mai 1858 et montré une audace que
son rapporteur a prévue :

« Son usurpation méconnaît le droit du Souverain, sans
» l'autorisation duquel les noms ne peuvent être changés ;
» elle porte atteinte aux droits respectables de ceux qui en
» ont la possession légitime ; frauduleuse dans son origine,
» elle a souvent pour conséquence des fraudes d'une autre
» nature ; enfin, et c'est là son caractère le plus blâmable,
» l'abandon du nom vrai de la famille est un acte de mépris
» qui s'élève parfois à la hauteur d'une impiété filiale, et
» que cette impiété seule suffirait à rendre coupable. »

Circonstance aggravante, M. Augustin-Frédéric de Treil
n'était enhardi par aucun précédent. Sans tenir compte
des avertissements de la justice, qui frappait naguère
M. d'Arblade pour des faits du même genre, il a continué
à se comtifier ou à s'appeler simplement de Pardailhan. Ce
nom et cette qualité indus complètent sa ressemblance
nominale avec M. le comte Jules-Théodore de Pardaillan,
sorti d'une race honorée, pour ses grands services, de sept
à huit titres, mais dont il n'a relevé que le plus modeste.

M. Levesque, en son *Droit nobiliaire français,* appréciant la loi du 28 mai 1858, qui punit d'une amende de 500 à 10,000 fr. quiconque, sans droit, aura pris publiquement un titre, tire la conclusion ci-après : « Aujourd'hui donc » encore sera en faute, et pourra tomber sous le coup de la » loi, celui qui, ayant droit à une qualification nobiliaire, y » aura substitué une qualification plus élevée. »

Le même auteur juge sainement la nature des délits que nous signalons d'après lui. Ils peuvent se produire en dehors des registres de l'état-civil :

« Il n'importe que l'usurpation se produise dans un acte » de l'état-civil ou ailleurs. Il n'y a donc pas à se demander » si l'énonciation erronée ou frauduleuse doit être considérée » comme faisant une partie essentielle d'un acte de ce » genre ([1]). »

L'usurpation est complète toutes les fois qu'elle se manifeste au grand jour. Le rapporteur de la loi du 28 mai 1858 l'estime ainsi :

« Dans le premier amendement envoyé par nous au » Conseil d'État, nous avons inséré ces mots : *Dans un* » *acte authentique ou sous seing-privé, ou dans un écrit* » *publié,* qui, pour nous, résumaient la double idée de la » publicité du délit et de son entière certitude. Ces expres-» sions ayant été supprimées dans la rédaction qui nous » fut renvoyée par le Conseil d'État, nous insistâmes pour » que le mot *publiquement* leur fût substitué ([2]). »

La logique du législateur a donc voulu atteindre qui-conque « aura publiquement pris un titre, changé ou mo-» difié le nom que lui assignent les actes de l'état-civil. » L'inscription de naissance du susnommé a été évidemment

---

([1]) LEVESQUE, p. 388.

([2]) *Code de la Noblesse,* par de Sémainville, p. 746.

plus qu'altérée. En outre, les listes électorales ont le caractère tout à fait public. Une fausse attribution du qualificatif
duc de Brancas sur le *Dictionnaire Didot,* inspira à M. le
substitut Pinard cette belle glorification du nom que nous
avons reproduite dans les préliminaires de ce Mémoire.
La présence de M. de Treil, sous le nom de Pardailhan, sur
l'état des votants dans le neuvième arrondissement de
Paris, surcharge celle de comte, énoncée dans l'*Almanach
des Adresses.*

Avant de renouveler son nom et de l'embellir honorifi-
quement, M. Augustin-Frédéric de Treil eût sagement fait
de méditer ces paroles prononcées par M. le procureur
général Dupin, dans un réquisitoire modèle :

« Mais à côté de ces grandes médailles frappées au coin
» de la gloire, on a vu et l'on voit chaque jour circuler une
» fausse monnaie fabriquée, à leur singulier profit, par des
» individus qui, ne pouvant obtenir régulièrement des titres
» qu'ils n'avaient pas mérités, ont trouvé plus commode de
» se les attribuer à eux-mêmes, de leur autorité privée.

» Et parce que celui qui, le premier dans la famille, a
» conçu l'idée de glisser dans les actes de naissance de ses
» enfants et dans ses propres actes des titres qui ne lui
» appartenaient pas, sera décédé, et que, par ce motif ou
» tout autre, une action correctionnelle ne pourra plus être
» intentée contre lui, tout sera dit, et l'usurpation demeu-
» rera consolidée au profit de sa race? La loi demeurera
» ouvertement violée? Et il n'y aura aucune action ouverte
» pour la faire respecter et en procurer l'exécution?

» Messieurs, après le joueur effréné qui ne paie pas ses
» dettes, je ne connais rien de moins digne de considération
» que ces fraudeurs de titres qui s'arrogent impudemment
» des qualifications honorifiques qui ne leur ont point été
» légalement conférées. »

Dans son rapport du projet de loi du 28 mai 1858,
M. du Miral assimile la noblesse d'avant 89 à celle de
création postérieure : « Il n'y a pas à se préoccuper (selon
» lui) des différences qui ont pu primitivement exister entre
» la noblesse antérieure à 1789 et celle du premier Empire ;
» les chartes de 1814 et de 1830, le décret du 24 janvier
» 1852, l'esprit de la présente loi, les confondent évidem-
» ment désormais dans une seule et même unité, et les
» soumettent à des règles uniformes. » Le même rapporteur
s'écrie un peu plus loin : « Qu'importe que les titres usités
» parmi nous rappellent des institutions féodales heureu-
» sement disparues et ne soient plus qu'une distinction
» nominale! Nous les repousserions s'ils possédaient la
» réalité dont on leur reproche l'absence. Le titre qui fait
» partie du nom et se confond avec lui, n'est-il pas aussi
» réel qu'un ruban ou un cordon? »

Supposons que, de nos jours, le titre de prince de
Bénévent, de duc de Montebello, de Tarente, de Magenta,
de comte de Palikao, fût illicitement porté par des tiers
étrangers à la famille des véritables titulaires : la fierté
jalouse des intéressés se révolterait, et la justice appuierait
énergiquement leur revendication. M. le comte Jules
de Pardaillan se trouve dans un cas analogue, et la même
protection lui sera accordée. Le but évident de ceux qui
font emploi de son nom, en retranchant le leur, est de
s'identifier avec une famille dont l'illustration excite depuis
quelque temps de trop fréquentes convoitises (¹).

(¹) « Ce serait se faire illusion de croire que l'autorité de l'opinion et la puis-
» sance des mœurs sont assez fortes pour arrêter le désordre. Enhardi par l'impu-
» nité, il s'accroît chaque jour, et l'action de la justice répressive peut seule
» mettre un frein au nombre et à l'audace des usurpations. » (*Exposé des motifs de
la loi du 28 mai 1858.*)

IX

M, LE COMTE PIERRE-JOSEPH-THÉODORE-JULES DE PARDAILLAN PEUT
REVENDIQUER LA QUALIFICATION DE BARON DE PARDAILHAN PRISE
PAR M. LOUIS-CHARLES-ARTHUR DE TREIL.

Quand un titre devenait vacant par la mort du titulaire
et l'extinction de sa postérité, il passait à la branche collatérale la plus proche, qui le recueillait *consequentia rei
heredetariœ* dans celui de ses membres qui avait l'idonéité
voulue. Dès lors, tous les honneurs collectifs de la famille
incombaient au survivant. La réclamation de M. le comte
Pierre-Joseph-Théodore-Jules de Pardaillan s'appuie sur ce
principe, que nous développerons tout à l'heure.

Le titre de baron de Pardailhan ou Pardaillan peut être
d'autant mieux revendiqué par le consultant, que les auteurs
communs de toutes les branches de la famille, et partant de
la sienne, l'ont successivement porté depuis le xiie siècle
jusqu'à l'époque où la plupart des terres de la maison gasconne furent créées comtés, marquisats ou duchés. Le P.
Anselme, qui fait autorité en justice, attribue le titre de
baron à plusieurs chefs de degrés dans la filiation des
Pardaillan, dressée par lui, tome V, page 192, en son
Histoire des grands officiers de la Couronne. L'abbé Monlezun, dans celle de Gascogne, tome III, p, 8, leur reconnaît
la même qualité en 1286 (1). Elle était bien antérieure,

(1) En 1286, Bernard, comte d'Armagnac, dans la charte accordée aux seigneurs
de Fezensac, fixa la hiérarchie de la noblesse locale. Il concéda en cette occasion,
dit l'abbé Monlezun, « aux seigneurs des châteaux de Montaut, de Montesquiou, de
» Lisle d'Orbeissan (depuis L'Isle de Noé), de Betbéser, de Lagraulet et de Lauraët,

puisque cette année-là, d'après l'auteur précité, « la maison
» de Pardaillan ayant réuni les baronnies de Betbeser, de
» Lauraët et de Lagraulet à celle de Pardaillan, il ne resta
» que quatre barons. »

L'existence de la baronnie de Pardaillan en 1285 est
encore prouvée par cet article des coutumes du comté de
Fezensac, dont le texte latin est conservé dans les chartriers
du séminaire d'Auch : « Item fuit ordinatum et concessum
» per nos quod prædictus dominus prædicti castri de
» Bellovidere in dicto castro et in totâ *baroniâ suâ de*
» *Pardeilhano,* merum imperium et omnimodam juris-
» dictionem habeat et exerceat et in uno loco baroniæ
» suæ, etc. (1) »

Dans le testament latin de Guillaume-Raymond de Pins,
seigneur de Taillebourg, portant la date du 16 juillet 1291,
il est question de la « *baroniæ de Pardelhano* cum suis
» pertinensiis. »

Le titre de baron, qui s'était perpétué dans la maison de
Pardaillan jusqu'au xvie siècle, figure plusieurs fois dans
les préliminaires des lettres-patentes relatives à l'érection
du duché d'Antin, par Louis XIV, sur la tête de Louis-
Antoine de Pardaillan-Gondrin, marquis d'Antin, lieutenant
général des armées du roi. S. M. y passe en revue les
ancêtres du nouveau duc, et déclare que la maison de
Pardaillan, depuis le xie siècle, a tenu un des premiers
rangs entre les maisons les plus illustres de la Guienne.
Les lettres-patentes rappellent un peu plus loin, « qu'Hector

» barons de Fezensac (les trois derniers étaient des Pardaillan), le haut et bas
» domaine, une entière juridiction, et la faculté d'ériger des fourches patibulaires
» dans un lieu de leurs baronnies. Il consent à ce que les seigneurs des châteaux
» de Marambat, de Gondrin (dont les Pardaillan étaient aussi barons), de Marsan,
» de Magnaut, de Bonas et de Préneron, jouissent des mêmes faveurs. Ces priviléges
» étaient attachés aux baronnies, aux châteaux et aux terres qui en dépendaient. »
(*Histoire de Gascogne,* par l'abbé Monlezun, t. III, p. 8.)

(1) *Histoire de Gascogne,* par l'abbé Monlezun, t. VI, p. 14.)

» de Pardaillan, baron de Gondrin ([1]), seigneur de Montes-
» pan, se rendit recommandable dans toutes les guerres de
» son temps; il servit avec une extrême fidélité les rois
» Henri II, François II, Charles IX, Henri III et Henri IV,
» notre aïeul, qui lui donnèrent plusieurs commandements
» dans leurs armées. » Les Pardaillan furent aussi barons
d'Antin avant de monter au marquisat et au duché. On le
voit, les Pardaillan de Gascogne étaient barons de toute
éternité et de toutes manières; la famille de Treil, en
prenant ce titre, paraît personnifier celle de Pardaillan
dans ses honneurs primitifs, et sortir armée et qualifiée du
sein de la féodalité ([2]). Aujourd'hui, le titre étant inséparable
du nom patronymique, il n'existe plus de distinction entre
les de Treil, se disant tour à tour barons et comtes de
Pardailhan ([3]), et le vrai baron ou comte de Pardaillan dont
je suis le conseil.

Ce qui prouve que la confusion est possible, c'est que
MM. Didot et Bachelin-Deflorenne, en insérant le nom et la
qualité de comte de Pardaillan dans leurs livres, ont dû
croire qu'il s'agissait du continuateur de cette famille et non
d'un représentant de celle de Treil.

([1]) Son prédécesseur, Arnaud de Pardaillan, était baron de Gondrin, chevalier
des ordres du Roi, lorsque Louis XII lui confia, en 1514, le commandement de
1,000 chevaux envoyés au secours du roi de Navarre. (P. ANSELME, t. V, *Généalogie
de Pardaillan.*)

([2]) La famille de Treil a tout d'abord, dans ce but, accolé le nom de Pardailhan
au sien, qui n'a pas tardé à s'éclipser. Dans l'état actuel des mœurs et des usages,
le nom de Pardaillan est l'équivalent d'un titre qui permet de se donner le simulacre d'une vieille extraction. Le dessein de fortifier cette croyance a seul pu
suggérer à MM. Armand de Treil, colonel de gendarmerie, de signer *A. de Pardaillan,* et aux autres de se dire *comtes* et *barons de Pardailhan.* Ces délits sont
pressentis dans le rapport de la loi du 21 mai 1858, et articulés sous cette forme
interrogative : « Est-il nécessaire de dire que l'adoption d'un nom de terre, relié
» par une particule au nom patronymique, qu'on conservera d'abord, sauf à le
» supprimer ensuite, pourra constituer l'infraction? »

([3]) Le délit existe dans *une série d'actes géminés, persévérants, publics,* pour
me servir des termes même du rapport fait au Corps Législatif en 1858.

Les Pardaillan de Gascogne, antérieurs à la dynastie
capétienne, appartenaient au groupe des 94 familles de
France dont l'origine, pour me servir d'une expression de
la marquise de Créquy, n'était pas moins ancienne et
moins vénérable que celle de la race salique. En retour de
leurs grands services, nos rois les comblèrent de leurs
libéralités et leur dispensèrent toutes les variétés de titres
jusqu'à celui de duc inclusivement. Après avoir été, durant
le moyen âge, barons de Pardaillan, de Gondrin, de La
Mothe, vicomtes de Castillon et de Juillac, ils devinrent
postérieurement barons de Durfort (¹), de Séailles, comtes
de Gondrin, de Civrac, de Cère, de Beaumont, marquis
d'Antin, de Montespan, de La Mote-Gondrin, de Bellegarde,
de Bonas, de Savignac, de Termes. Je reconnais que cette
glorieuse Maison avait toutes sortes de qualifications féodales en disponibilité ; mais ce n'est pas une raison pour que
nos adversaires aient le droit d'y puiser à pleines mains.
La succession des honneurs, dont le nom de Pardaillan
réveille la mémoire, n'est point vacante, puisqu'elle in-
combe légitimement au survivant actuel, M. le comte
Théodore-Jules de Pardaillan. Ce dernier, en vertu du
droit ancien, aurait pu profiter de tous les rangs attachés
aux diverses branches des siens, à l'exception du duché
d'Antin, que les lettres-patentes d'érection rendaient incessible et intransmissible autrement qu'en ligne directe : il ne
l'a point fait. Si le consultant, comme collatéral, ne peut
relever la dignité du duc d'Antin, il a pu du moins la

(¹) Plusieurs actes du Fonds d'Hozier et des notes de ce juge d'armes *(Bibl. Imp.)*
nous apprennent qu'Antoine de Pardaillan, fils de Bertrand, seigneur de Caumort
et d'Ardens, c'est à dire issu de la même branche que le consultant, devint baron
de Durfort en 1629, par son mariage avec Jeanne de Batz, héritière de cette seigneurie. Ce titre lui est également attribué dans les *Registres d'insinuations* que
j'ai pris la peine de feuilleter aux Archives de l'ancien Parlement de Toulouse.
*(Accord passé entre noble Armand-Antoine de Pardaillan, baron de Durfort, et
les consuls de Trie, le 20 décembre 1598.)*

défendre comme son apanage historique contre M. d'Arblade, qui l'avait ridiculement appréhendée.

La création des duchés, marquisats et comtés n'était pas subordonnée à l'unique bon plaisir des Souverains. Les ordonnances prescrivaient indispensablement certaines conditions domaniales, incommutables par leur nature, et par conséquent indépendantes de la volonté royale. La première de toutes, pour faire arriver le marquisat au duché, était la possession d'un territoire composé d'une ville de douze châtellenies, de vingt-huit seigneuries paroissiales et d'un grand nombre d'autres fiefs, exerçant la haute, moyenne et basse justice. Le Parlement de Toulouse refusa d'enregistrer des lettres d'érection en faveur de M. d'Arpajon, parce que l'assiette était insuffisante d'une seigneurie. Lors de l'élévation de la terre d'Antin en duché pairie, on incorpora les baronnies de Belle-Isle, Mielan, Tuilerie, Pis, Certias et beaucoup d'autres fiefs et arrière-fiefs qui ne formèrent plus qu'un vaste tout ayant l'étendue requise. Cet ensemble fut ensuite constitué en duché sur la tête de Louis-Antoine de Pardaillan-Gondrin, marquis d'Antin, par lettres-patentes du 11 mai 1711 [1].

---

[1] *Extrait des lettres-patentes de Louis XIV :*

« . . . . Toutes ces considérations se rencontrent éminemment dans la per-
» sonne de notre trez-cher et bien aimé Louis-Antoine de Pardaillan de Gondrin,
» marquis d'Antin, lieutenant-général de nos armées. Il a toutes les qualitez
» nécessaires pour être élevé à ce qu'il y a de plus considérable et à cette première
» dignité de notre royaume. . . . . Pour ces causes et autres grandes considé-
» rations à ce Nous mouvans, et de notre grâce spéciale, pleine puissance et
» autorité royale, avons créé et érigé, élevé et décoré, et par ces présentes signées
» de notre main, créons, érigeons et élevons, et décorons ladite terre, seigneurie
» et marquisat d'Antin, ses appartenances et dépendances, en titre, dignité et
» prééminence de duché et pairie de France ; avons à cet effet, uni et unissons, par
» ces dites présentes, ladite terre et duché-pairie d'Antin, les baronies, terres et
» seigneuries de Bellisle, Mieslan, Tuilerie, de Pis, Certias, et leurs dépendances,
» pour ne composer à l'avenir qu'une seule et même terre, sous ledit titre et
» dignité de duché-pairie d'Antin, pour en jouir par notre dit cousin Louis-Antoine
» de Pardaillan de Gondrin et ses enfants et descendants mâles en loyal mariage,
» pleinement, etc. (P. ANSELME, t. V, *Généalogie de Pardaillan.*)

La baronnie de Gondrin, qui apparaît dans les mains des Pardaillan d'aussi bonne heure que celle de leur nom, était formée des terres de Gondrin, Justian, Cacarens et Cazeneuve. Au xviiie siècle, toute baronnie devait avoir la surface de trois châtellenies, confinant les unes aux autres, dominant les seigneuries vassales et englobant trois clochers. Les familles qui ambitionnaient ce rang travaillaient pendant cinq ou six générations à établir, par des acquisitions, la contiguïté et l'importance des biens. Ni dans la série administrative des Archives de l'Empire qui concerne les domaines, ni dans celles du Parlement de Toulouse, nous n'avons rien trouvé qui pût faire induire l'existence officielle d'une baronnie de Pardailhan en Languedoc. Sans rappeler leur inaptitude ([1]), comment nos adversaires ont-ils pu s'emparer d'une dignité qui n'était pas reconnue ([2])? S'ils veulent vaincre notre incrédulité, qu'ils arrivent, comme nous, avec pièces justificatives portant institution ou translation, au profit de la famille du consultant, de la baronnie de leur nom ainsi que des comtés de Cère, de Beaumont, des marquisats de Montespan, d'Antin, de Thermes, de La Mothe-Gondrin, de Bonas. Tous ces titres sont affirmés par le P. Anselme, les feudistes Chasot de Nantigny, de Varroquier, les Mémoires du xviie et du xviiie siècles, les collections manuscrites de d'Hozier et de Chérin, juges d'armes de France. L'*Histoire du Languedoc,* par les Bénédictins, ne relate pas non plus la baronnie de

---

([1]) Dans le quatrième volume des *Souvenirs de la marquise.de Créquy*, je trouve une note que je fais mienne en la transportant ici : « Les acquéreurs d'une terre » titrée ne deviennent jamais marquis, comtes ou vicomtes de telle seigneurie » érigée en titre pour une autre famille que la leur; ils sont tout simplement » seigneurs de l'ancien marquisat, comté ou vicomté dont ils deviennent proprié- » taires, l'extinction de la race entraînant toujours celle du titre, à moins de · » confirmation royale et de nouvelles lettres-patentes. » (Édit. Garnier, p. 16, t. IV.) Cette opinion s'accorde avec toutes celles déjà rapportées.

([2]) LEVESQUE ; *Du Droit Nobiliaire français*, p. 821.

Pardaillan en cette province. Nos preuves sont partout, celles de MM. Treil nulle part, si ce n'est peut-être dans quelque coin d'un registre ecclésiastique où les inscriptions sans contrôle s'opéraient loin du lieu natal des déclarants. Les curés d'alors, pas plus que les maires d'aujourd'hui, n'avaient la faculté de conférer des titres. C'est ce qu'ils eussent fait si l'on acceptait l'état-civil comme moyen justificatif de qualifications nobiliaires (¹).

La Cour Impériale d'Agen le repoussa par un arrêt du 8 août 1860 déjà cité : « que si, comme l'a fait le tribunal » de Nérac, on n'allait puiser la preuve du droit prétendu » que dans des actes authentiques et des actes de l'état-civil, » on transformerait les notaires et maires en dispensateurs » de titres nobiliaires (²), et ces officiers publics, trompés par » les parties intéressées, feraient des nobles à volonté. »

Si nos adversaires sont dépourvus des pièces probantes que nous réclamons, qu'ils produisent du moins des actes démontrant que la terre de Pardailhan, dans l'élection de Béziers, avait droit de haute, moyenne et basse justice, caractère essentiel de la baronnie, et que la triple magistrature était dans leurs mains. Les anciens cadastres de la

---

(¹) Il est possible que le précédent propriétaire (un de Portes, président aux Enquêtes, je crois,) eût, selon les abus de l'époque, pris le titre de baron, ce qui n'exhaussait nullement le rang de son fief. Sans érection du souverain, point de dignité effective, pas de pouvoir judiciaire. Or, la dignité glébée de Pardailhan ne se trouve point sur les registres des édits de l'ancien Parlement de Toulouse. En revanche, on y voit l'élévation de la baronnie de Montespan en faveur de messire Jean-Antoine de Pardaillan, baron de Montespan, au mois d'août 1612 ; celle d'Antin, en juillet 1615, sur la tête d'Hector de Pardaillan, baron d'Antin. Pardailhan eût été baronnie, que MM. Treil n'eussent pu recevoir ce titre élevé, nous avons expliqué pourquoi.

(²) Les rigueurs de la loi, d'après la circulaire ministérielle du 19 juin 1858, adressée aux procureurs généraux, sont réservées à ceux qui faussent leurs noms et leurs titres devant les officiers municipaux ou publics. Levesque, page 474, fait à ce sujet cette réflexion : « On pourra impunément, comme autrefois, se faire » appeler marquis par son valet de chambre, mais on ne pourra se faire ainsi nom- » mer par son maire ou par son notaire. »

commune de Pardailhan doivent constater les prérogatives de la baronnie et de ses titulaires.

On se souvient que nos adversaires, qui se proclamaient barons à Paris, ne l'étaient plus quand ils se montraient dans leur province. En 1789, ils sont classés dans les rangs de la noblesse à cause de la qualité de leur terre ou de leur profession. A cette date-là, il y eut comme une sorte de recrudescence dans le sentiment aristocratique. Tous ceux qui avaient des distinctions apparentes ou réelles les étalèrent hardiment ; les Treil, au contraire, se dépouillent de ces avantages. Bien mieux, ils n'osent ni comparaître ni envoyer un procureur fondé. Leur présence ou celle de leurs délégués eût été périlleuse. L'assemblée préludait à ses délibérations par une vérification des preuves de noblesse. M. Thomas-François de Treil, détenteur de la terre de Pardailhan, n'étant pas capable de subir une pareille épreuve, se tint à distance. Les craintes n'étaient pas infondées, car plusieurs assistants avaient promis de signaler les électeurs étrangers à leur corps. Ainsi, tous ceux qui furent appelés ne furent point élus. Les pseudo-gentilshommes, devant cette menace, crurent sage de ne point se présenter et se faire représenter. Le possesseur du fief de Pardailhan près Saint-Pons fut de ce nombre. Il redouta, lui qui avait été évêque au loin, de n'être que sonneur chez lui. M. Louis-Charles-Arthur, demeurant à Autricourt (Côte-d'Or), a été moins circonspect en se faisant passer pour baron, car il s'accommode d'un titre que son prédécesseur trouva trop incommode en 1789. Si cette qualification avait été possible, le devancier dont nous parlons ne l'aurait certes pas négligée bénévolement. Ses tentatives en dehors des choses officielles le démontrent avec évidence. La certitude d'une humiliation lui commanda l'humilité. Puisque M. Thomas-François, en cette circonstance mémorable et spéciale, redoutant les jugements de ceux qui ne l'auraient pas accepté comme pair, n'osa point se décorer du titre de baron, comment ses continuateurs l'affichent-ils en l'accompagnant du nom de Pardailhan, après avoir supprimé celui de Treil? En faisant ainsi, le monde, qui n'a plus l'initiation généalogique d'autrefois, les considère comme les représentants des barons de Gascogne, sortis des entrailles du moyen âge. La méprise est facilitée par la transplantation en Bourgogne, où le passé de la famille Treil est inconnu.

La législation actuelle excluant les noms terriens, les trois ou quatre rangs de barons tenus par les Pardaillan, c'est à dire ceux de Pardaillan, de Gondrin, d'Antin, de Durfort, de Séailles, semblent concentrés sur la tête de M. Charles Arthur de Treil, qui a grand profit moral de ne plus être ou paraître que baron de Pardailhan.

Le plaignant a le droit de défendre tous les honneurs de sa famille, même celui de duc d'Antin, bien qu'il ne puisse le relever. La justice l'a déjà reconnu dans le procès d'Arblade. Elle le reconnaîtra aussi dans l'espèce, puisqu'il s'agit d'un nom et d'un rang qui ne peuvent s'acquérir en dehors de la filiation.

Si MM. de Treil avaient pu acheter le nom et le titre de baron Pardailhan avec la terre de Languedoc, les vieux axiomes juridiques auraient croûlé pour donner passage aux prétentions adverses. Le plus incontestable de tous est celui-ci : le nom, le rang et les armes ne tombent point dans le commerce. On ne peut, en effet, les échanger comme des marchandises ; tous les auteurs sont unanimes sur ce point. Je prends Merlin qui, du reste, ne fait que reproduire Guyot :

« Les autres biens, au contraire, comme le nom et les
» armes, le rang, la noblesse, ne tombent point dans le
» commerce, ils sont inaliénables et incessibles ; ce n'est

» point par le titre d'héritier, ni par celui de donataire
» qu'on les possède; il faut, pour y avoir droit, descendre
» par les mâles de ceux qui en ont joui. Comme ces biens
» appartiennent en commun à toute la famille, chaque
» particulier qui la compose y a droit comme étant de la
» famille. »

Si on ne pouvait recevoir un nom et une prééminence à
titre d'héritier et de donataire à *fortiori*, on ne le pouvait
pas comme acquéreur; avec une telle licence, que serait
devenue la sanction royale?

Les mots « baron de Pardailhan » expriment à la fois
certaines dignités et le nom de la maison de Gascogne [1]. Le
consultant qui la représente est fondé à veiller sur ce patrimoine historique. La loi, qui se trouve atteinte du même
coup, doit faire avec lui cause commune; de cette façon,
la justice, jalouse de préserver ses droits, préservera aussi
des mémoires glorieuses.

---

[1] L'illustration des barons de Pardaillan, dans les temps les plus reculés, est
attestée non seulement par le P. Anselme, l'abbé Monlezun, le président Doat, le
texte des coutumes de Vic-Fezenzac, mais par tous ceux qui se sont occupés de
l'histoire de Gascogne ou du Fezensac, à un titre quelconque. M. le vicomte de
Bastard d'Estang, dans sa *Noblesse d'Armagnac,* les estime pairs des comtes de ce
nom :

« On comptait en Armagnac plus de huit cents fiefs sujets au ban et à l'arrière-
» ban. Les seigneurs les plus illustres étaient, les barons de Montault, de Montes-
» quiou, de Pardaillan et de L'Isle, et les quatre vice-barons qui siégeaient après
» eux. Les premiers étaient *dits* les Pairs du comte. Ils étaient conseillers-nés, et
» avaient séance et voix dans les États et dans la Cour du sénéchal d'Armagnac,
» depuis transformée en sénéchaussée. Ils étaient chanoines de la cathédrale
» d'Auch; le comte en était le premier. »

X

M. LE COMTE PIERRE-JOSEPH-THÉODORE-JULES DE PARDAILLAN
PEUT REVENDIQUER LA QUALIFICATION ET LE NOM DE COMTE
DE PARDAILHAN PRIS PAR M. AUGUSTIN-FRÉDÉRIC DE TREIL.

Nous avons sommairement noté les titres de baron attachés à la maison de Pardaillan; nous allons maintenant jeter un coup d'œil rétrospectif sur les dignités plus hautes dont ils furent en tous temps revêtus. Si nous avons isolé ces développements du chapitre qui précède, c'est pour simplifier la tâche du lecteur, qui trouvera ainsi chaque chose à sa place, et dans le but de déployer amplement nos preuves.

La race des Pardaillan, avant de parvenir au duché, avait été honorée de sept marquisats, savoir : Gondrin, Antin, Montespan, Termes, Bellegarde, La Mothe-Gondrin, Bonas, Savignac; des vicomtés de Mauvesin, Juillac et de Castillon (au xive siècle); des comtés de Cère, de Béaumont, de Gondrin; de la baronnie primitive de Pardaillan, enfin postérieurement de celles de Séailles (¹) et de Durfort.

Des lettres-royaux, expédiés le 18 mars 1350, récompensaient les loyaux services de Bernard de Pardaillan, chevalier banneret et gouverneur de Condom, par le don de la moitié du territoire vicomtal de Mauvezin (²). A cette

(¹) Celle de Séailles appartenait à la branche disparue de Caumort, dont les seigneurs de Granchet, Pimbat, Gignan, formaient un des rameaux.

(²) P. ANSELME, t. V, p. 192. — M. de Cauna, dans son *Armorial des Landes*, p. 271, constate (d'après le *Registre du Trésor*, n° 80) que Bernard de Pardaillan avait, le 18 mars de la même année, la moitié de la vicomté de Juillac.

époque, on le sait, la partie d'une terre de dignité communiquait la plénitude du titre aussi bien que l'ensemble ([1]). Bernard était donc vicomte de son chef et de celui de sa femme, qui lui avait apporté en dot la vicomté de Juillac. Cette vicomté passa aux Armagnac, par l'alliance d'Esclarmonde de Pardaillan, fille du seigneur sus-nommé, avec Roger d'Armagnac, vicomte de Lavardens.

Les lettres-patentes d'érection du duché d'Antin accordés par Louis XIV à Louis-Antoine de Pardaillan-Gondrin, marquis d'Antin, certifient « que Bertrand de Pardaillan ([2]) » seigneur de Gondrin, épousa en 1390 la fille unique du » vicomte de Castillon; par ce mariage, tous les biens de » cette puissante Maison tombèrent dans celle des Pardail- » lan, » qui devinrent vicomtes.

J'ouvre le premier feudiste venu, Chasot de Nantigny, par exemple, et j'y vois que la terre d'Antin fut constituée marquisat en faveur d'Hector de Pardaillan (juillet 1646). Celle de Montespan l'avait été au profit d'Antoine-Arnaud de Pardaillan en 1612. Les lettres-patentes de Louis XIV, lors de la création du duché d'Antin, constatent l'institution des deux titres glébés ([3]) qui figurent dans le registre des

---

([1]) « Le fief étant divisé, chaque possesseur relevait, par parage ou sans intermé- » diaire, du seigneur suzerain, de la même manière que le tenait l'unique seigneur » pendant l'indivision.

» Chaque partie, appelée membre de haubert, conservait tous les droits primitifs » du fief. » (SÉMAINVILLE; *Code de la Noblesse*, p. 308.)

([2]) Toujours, d'après les lettres-patentes, Bernard était fils d'Odet II de Pardaillan et de Marguerite de Biran, cousine d'Arnaud de Montlezun, comte souverain de Pardiac. Ce fut Odet qui octroya, en 1336, des coutumes aux habitants de Gondrin.

([3]) CHASOT DE NANTIGNY; *Tablettes historiques,* 4e partie, contenant les terres du royaume érigées en titres de marquisat, de comté, de vicomté et de baronnie. On lit, pages 43, 49 :

« Montespan entra dans la Maison de Pardaillan par l'alliance de Paule d'Espa- » gne avec Arnaud de Pardaillan, baron de Gondrin, fils d'Arnaud et de Jacquette » d'Antin, et issu au dixième degré de Bernard, seigneur de Pardaillan et de » Gondrin, qui accompagna Saint-Louis au siége de Tunis, en 1270. Arnaud fut père

8

édits, aux *Archives de l'ancien Parlement de Toulouse*, n° 15, fol. 115 et 116 (¹).

Jean-Louis de Pardaillan-Gondrin, sixième fils d'Antoine Arnaud de Pardaillan, seigneur de Gondrin et d'Antin, marquis de Montespan et de Paule de Saint-Lary de Bellegarde, est qualifié marquis de Savignac l'an 1620, par le P. Anselme. Son rejeton unique, Louis de Pardaillan, sénéchal des Lannes et de Bayonne, est, par le même généalogiste, désigné avec les trois rangs de comte de Cère, de Beaumont et de Gondrin.

Antoine de Pardaillan, qui embrassa la cause du prince de Condé durant les troubles de la Fronde, à l'imitation de son cousin le marquis de Montespan, était marquis de Bonas à cette époque, comme il appert d'une pièce du fonds d'Hozier, coté 71-103, et de la notice du P. Anselme, *loco citato*.

Gabriel-François-Balthazar de Pardaillan, mari de Françoise-Élisabeth-Eugénie de Verthamon, et fils du premier duc d'Antin, était marquis de Bellegarde. Ce titre lui est appliqué par le P. Anselme et le *Mercure de France* (²).

Le premier marquis de La Mothe-Gondrin, d'après le P. Anselme, Moréri et La Chesnaye des Bois, fut Renaud de Pardaillan, capitaine d'une compagnie de cent maîtres, le 25 janvier 1639; il produisit ses titres le 25 mai 1667

» d'Hector, reçu chevalier de Saint-Louis, le 31 décembre 1585, et aïeul d'Antoine
» Arnaud, capitaine de 100 hommes d'armes et de la 1ʳᵉ compagnie des gardes du
» corps, maréchal de camp, et en faveur duquel les terres de Montespan et d'Antin
» furent érigées en marquisat, en 1612 et 1615, et qui fut reçu chevalier des ordres
» du roi, le 31 décembre 1619. »

(¹) Palais de justice de cette ville.

(²) « Dame N... de Verthamon, fille unique de messire François de Verthamon,
» marquis de Bréau, premier président du Grand Conseil, qui avait épousé, le 28
» janvier 1716, messire François-Balthazar de Pardaillan-Gondrin, *marquis de*
» *Bellegarde*, mourut le 13 octobre à Bellegarde. » (*Mercure de France*, octobre
1719, p. 209, et décembre, p. 187.)

devant M. de Lartigue, subdélégué de M. Pellot, intendant de Guienne ([1]).

Sa race ayant fini vers le commencement du xviiie siècle, son titre incomba à la branche la plus immédiate, qui était celle du réclamant.

Nous allons répéter un point essentiel de doctrine héraldique.

Lorsque la masculinité finissait dans une branche aînée, ses droits honorifiques étaient recueillis par la cadette, qui venait après dans l'ordre graduel. De cette façon, il y avait, à la longue, *autonomie* ([2]) entre les diverses ramifications d'une famille ([3]). Les titres suivaient la loi commune du nom et des armes, au détriment des filles, s'il y en avait, car ils constituaient une propriété appartenant à la famille et non à la succession, c'est à dire qu'elle était circonscrite à ceux du sang et de la lignée. Ces maximes furent consacrées par arrêt du 31 juillet 1759. Sur les conclusions de Séguier, la Cour ordonna que les titres de noblesse laissés par le dernier membre des Titon-Villegenou, branche aînée, fussent remis par sa fille et héritière à un mâle d'un rameau puîné ([4]). Quand les duchés n'étaient pas limités, comme celui d'Antin, par la teneur des lettres-patentes d'érection à la seule transmission en ligne directe et masculine, les représentants mâles les plus proches de la Maison pouvaient dépouiller les femmes qui détenaient le fief de dignité, moyennant indemnité ultérieure. Ces dispositions furent insérées dans le règlement de mai 1711, relatif aux duchés pairies. Ces principes de jurisprudence et d'autres déjà

([1]) P. Anselme; *Histoire des Grands Officiers de la Couronne*, t. V, p. 186.

([2]) Qu'on nous pardonne ce nom nouveau pour exprimer les choses du passé.

([3]) *Col. de décis.*, par Denisart, art. *Noblesse*, p. 868.

([4]) *Idem.*

énoncés, attribuent donc à M. le comte de Pardaillan les titres cessibles des branches éteintes de sa race, tels que ceux des Pardaillan, marquis de Gondrin, marquis de Termes, marquis de Bellegarde, marquis de Savignac, marquis de La Mothe, marquis de Bonas, comtes de Cère, de Beaumont (¹), etc.

Une lettre de la Chambre des Comptes de Paris et le *Journal historique de Louis XIV,* tome Iᵉʳ, page 196, prouvent que Vital de Pardaillan, grand-oncle du consultant, glorieusement tué, en 1741, entre Gibraltar et Cadix, dans un combat naval contre les Anglais, portait à cette époque le titre de comte de Pardaillan. A sa mort, son rang fut recueilli et continué par un de ses cadets, Pierre de Pardaillan, qui tenait à la cour un grand poste militaire. Ses frères de Gascogne n'ayant pas une fortune proportionnée aux exigences de ce titre, s'abstinrent de l'exercer.

Jusqu'à Vital, du reste, la branche puînée des puînés, qui résida successivement au Granchet, Las, Saint-Orens et Pimbat, n'avait point pris de qualité, par la raison que la branche de La Mothe-Gondrin les retenait encore.

La Chesnaye des Bois, dans son *Dictionnaire de la Noblesse,* tome XI, page 186, dit en parlant de Bernard de Pardaillan : « Tige de la branche des seigneurs de Las, qui » subsiste dans Pierre de Pardaillan, appelé le *comte de* » *Pardaillan,* colonel du régiment des grenadiers royaux » de Guienne, marié, contrat signé par le roi et la famille » royale, le 18 février 1774, avec demoiselle N. de » Vezien (²). » Ce Pierre était le frère de l'aïeul du consultant, ou mieux son grand-oncle.

(¹) Voir notre généalogie à la fin de ce Mémoire, ou celle du P. Anselme, t. V, p. 187 et 188, ou La Chesnaye des Bois, *Dict. de la Noblesse,* t. XI, p. 186.

(²) *Dict. de la Noblesse,* t. IX, p. 186.

Le titre de comte est donné à Pierre de Pardaillan, en 1776, dans son brevet de colonel des troupes de Saint-Domingue; en 1777, dans sa nomination au commandement de cette île; en 1779, dans un congé; en 1781, 1782, 1788 (¹) et 1814, dans ses provisions de brigadier d'infanterie, de mestre de camp au régiment de Penthièvre, de maréchal de camp, de lieutenant-général, etc.

Pierre de Pardaillan mourut en 1815. Sa femme, mademoiselle de Vézien, ne lui ayant pas donné de postérité, son titre passa à son petit-neveu, M. Pierre-Joseph-Théodore-Jules de Pardaillan. Celui-ci a placé cette transmission et les souvenirs honorifiques de sa branche au dessus des cinq ou six rangs provenant des autres. Aussi le voit-on simplement qualifié comte dans tous ses actes officiels et privés. Il l'était, à l'âge de douze ans, par le duc de Berry, dans un ordre relatif au port de la fleur de lys.

Le seul légitime et actuel possesseur du nom, des armes et titres de la maison de Pardaillan, est donc M. Joseph-Théodore-Jules de Pardaillan, issu en ligne mâle et directe du rameau des Pardaillan, seigneurs de Granchet, de

---

(¹) BREVET DE MARÉCHAL DE CAMP POUR LE COMTE PIERRE DE PARDAILLAN.

« Aujourd'hui, neuvième du mois de mai 1788, le roi étant à Versailles, mettant
» en considération les bons et fidèles services que le sieur *Pierre*, COMTE *de Par-*
» *daillan*, brigadier, mestre de camp, lieutenant commandant du régiment de
» Penthièvre, lui a rendu en diverses charges et emplois de guerre qui lui ont été
» confiés, dans lesquels il a donné des preuves de sa valeur, courage, expérience
» en la guerre, diligence et bonne conduite, ainsi que de sa fidélité et affection à
» son service, et voulant lui en marquer sa satisfaction, Sa Majesté l'a retenu,
» ordonné et établi en la charge de maréchal de camp en ses armées, pour, doré-
» navant, en faire les fonctions, en jouir et user avec honneur, autorités, préroga-
» tives et prééminences qui y appartiennent, tels et semblables dont jouissent ceux
» qui sont pourvus de pareilles charges, et aux appointements qui lui seront ordon-
» nés par les États de Sa Majesté; laquelle, pour témoignage de sa volonté, m'a
» recommandé de lui expédier le présent brevet, qu'elle a signé de sa main et fait
» contresigner par moi, conseiller secrétaire d'État de ses commandements et
» finances. » LOUIS. »

Ce brevet et tous les autres seront communiqués à la justice.

Las, etc., sortis eux-mêmes, comme toutes les autres, de la branche de Gondrin. La dévolution du nom, des armes et du rang lui est garantie par cette vieille maxime de la législation féodale : « Primo defuncto et excluso, secundus » sequens dicitur primus, et tertius sequens dicitur secundus, » et sic de singulis (¹). » Ces principes, ajoute Jean Scohier, s'appliquent non seulement à des frères, mais à toutes les branches qui se succèdent ainsi graduellement dans leurs droits; les aînées qui disparaissent sont remplacées tour à tour par les cadettes qui restent. Cette dévolution naturelle, il est vrai, ne concerne que la ligne masculine, ce qui est le cas pour le plaignant.

M. Augustin-Frédéric Treil et tous les siens ont été plus que téméraires en le spoliant de ces biens sacrés : par cette risqueuse entreprise, ils ont bravé toutes les lois et règles connues. Comment auraient-ils pu recueillir des distinctions, quand la simple adoption du nom leur était formellement interdite?

Qu'on vienne maintenant opposer aux investitures régulières de la Maison de Pardaillan des rangs imaginés par des tiers ou leurs devanciers (²). Quand ils eurent titré leurs terres *proprio motu*, ils se titrèrent eux-mêmes, à l'instar de M. Augustin-Frédéric de Treil, qui les copie de nos jours. « On trouvait plus court, dit M. Chassant, de » prendre un titre à couronne que de l'attendre de ses » services ou de la faveur du prince. C'était à qui se sur-» passerait. »

(¹) Jean Scohier ; *Estat et comportement des armes,* in-fol., 1597.

(²) La réflexion générale de M. de Coston sur ces envahissements devient ici particulière, voilà pourquoi je la transcris :
« Ils continuèrent à choisir arbitrairement dans leurs possessions seigneuriales » celles dont ils préféraient porter le nom à cause de son importance, de son » élégance ou de l'illustration de ses anciens possesseurs. » (*Origine, Étymologie et signification des noms propres et armoiries,* par le baron de Coston.)

Nos preuves sont concluantes, tandis que celles de MM. de Treil sont basées sur des fictions et sur une distinction de lieu qui occasionne des erreurs de personnes. Nos adversaires déclarent qu'ils sont étrangers à la Maison d'outre-Garonne, et c'est pour ce motif qu'ils voudraient être mieux protégés que des alliés qui s'y raccordaient par des unions, comme M. d'Arblade.

« L'usurpation d'un titre de noblesse, dit M. Levesque, » est un fait sur lequel il n'est pas possible d'équivoquer, » dont la matérialité est apparente et le sens clair; quicon- » que s'attribue un titre sans droit, se fait noble de son » autorité privée, autant qu'on peut aujourd'hui se faire » noble; il recherche indûment le seul avantage que puisse » donner la noblesse telle que l'a faite notre époque, c'est » à dire un profit d'amour-propre (¹).

Puisque la loi du 28 mai 1858 et les règlements précédents reconnaissent aux titres une existence légale, il n'est pas possible de les abandonner à la convoitise et au pillage de ceux qui prennent des qualifications illicites comme M. Augustin-Frédéric de Treil et les autres défendeurs.

XI

MONSIEUR LE COMTE PIERRE-JOSEPH-THÉODORE-JULES DE PARDAILLAN
A LA PROPRIÉTÉ EXCLUSIVE DES ARMES DE SA MAISON.

Les armes figuraient, remplaçaient ou complétaient le nom (²). Leur similitude était ordinairement une indication

---

(¹) *Du droit nobiliaire français*, p. 468.

(²) Les armoiries ne sont pas une dépendance de l'appellatif de famille, mais son image. Elles ont une relation si étroite, dit Levesque, que nous avons cru pouvoir les appeler *la face visible du nom*.

de communauté d'origine entre les branches, provenant d'une même souche, ou de parenté entre les membres d'un seul rameau. Simon *prétend que les familles étaient encore plus connues par ces marques que par un nom certain* (¹). L'affinité qui existe entre ces deux signes de personnalité est admirablement définie par de La Roque : *Les armes sont des noms muets, et les noms des armes parlantes* (²). MM. de Treil, en bons logiciens, s'étant assimilés le substantif propre de Pardaillan, auraient, en outre, adopté le blason de cette race. Nous demandons que cette licence soit réprimée en compagnie des autres. L'achat de la terre ne comprenait point celui du blason, personnel aux seuls membres de la famille, qui seuls avaient et ont le droit de le porter. MM. de Treil, s'ils le prennent, n'ont fait qu'aggraver la première usurpation par une seconde que M. Berryer a flétrie en ce beau langage :

« Les armes sont des parures héroïques, insignes natio-
» nales dont nul n'a le droit de disposer, pas plus qu'il
» n'est permis en France d'aliéner les diamants de la cou-
» ronne ; marques d'honneur, chères et sacrées pour la
» famille à qui elles appartiennent, et dont un étranger ne
» peut pas être affublé héréditairement, comme en un jour
» de fête ou de folie on revêt les costumes et les armures
» des anciens preux, pour s'en faire un brillant ornement
» dans les mascarades. »

Une acquisition ne pouvait entraîner des droits qui étaient généralement refusés à des alliances. De La Roque, dans son *Traité de l'origine des noms*, envisage la possession des armes au point de vue juridique, et ne croit pas qu'on puisse se les approprier dans la ligne maternelle, quand la

---

(¹) SIMON ; *Traité du droit de patronage*, tit. XXV, § XVII.

(²) *Traité de la Noblesse*, par de La Roque.

ligne paternelle survit. Il exige même, dans le cas où celle-ci n'est plus, l'autorisation du prince. Laissons-le parler : « Mais on se demande, si l'on peut prendre les » armes pleines de la famille maternelle, lorsqu'elle subsiste » encore par les collatéraux? Il semble que non, parce » que c'est au préjudice des véritables héritiers du nom et » des armes pleines (¹). »

Ailleurs, il reprend ce thème, et ajoute : « Encore faut-il » que la famille dont on relève les armes soit éteinte, et » que le prince l'autorise par ses lettres (²). »

Boyer, président au Parlement de Bordeaux, qui colligea les arrêts de cette Cour, décide (Dec. 146, nº 6) que l'on ne peut imposer la condition de porter le nom et les armes d'une famille dont les mâles subsistent : « Quibus, stantibus » et suis descendentibus masculis dicta conditio de nomine » et armis deferendis non potest fieri, sed illis de agnatione » et familiâ, quibus jure successorio debentur nomen et » arma deficientibus, bene potest alii fieri. » Chassanée, président au tribunal d'Aix (³); Christin, chancelier de Brabant, dans son *Commentaire sur l'article 2 de l'édit des archiducs* (⁴); Théodore Hœping, dans son *Traité des Armoiries,* partagent cette manière de voir.

Balde (*sur la loi première ou code* PRO SOCIO) voit, dans les armes, la mémoire et la splendeur d'une race : « *In* » *armis et nomine nobilium remanet principalis domûs* » *memoria et splendor genituræ.* »

(¹) DE LA ROQUE; *Origine des noms,* in-12, 1681, p. 198.

(²) *Ibid.,* p. 208.

(³) Quod intelligendum est fieri posse, ubi non est alius de familiâ cui jure successorio nomen et arma deberentur.

(⁴) Observandum tamen est illas nominis armorumque impositiones, tum demum fieri posse, ubi non sit alius de familiâ, cui jure successorio, idem nomen et eadem arma debeantur, aut nisi omnes de eo consensum ferant, aliàs enim hæc impositio et assumptio illicita.

Guyot, dans son *Répertoire de Jurisprudence*, déclare le signe héraldique des familles inaliénable, à moins d'autorisation collective de tous les survivants de la Maison.

« Et comme ces biens appartiennent en commun à toute
» la famille, chaque particulier qui la compose y a droit
» comme étant de la famille ; mais nul, par la même raison,
» n'a le pouvoir de les aliéner ou de les communiquer à
» une famille étrangère, au préjudice et sans le consente-
» ment de toutes les personnes de la famille à qui ils
» appartiennent ([1]). »

L'interprétation de Guyot a paru si rationnelle et si concluante à Merlin, que ce dernier l'a transportée tout entière dans son Répertoire. Ces deux sentiments étant pour ainsi dire textuels, la citation de l'un rend inutile celle de l'autre.

Le président Bigot, de Rouen, adressa en 1772 une requête à Louis XV :

« Il est incontestable que les armoiries sont, pour la
» noblesse, un véritable patrimoine, dont la conservation
» lui est garantie par les lois autant et même plus que les
» autres biens.

» L'ordre public ne permet pas qu'un particulier puisse
» porter les armoiries d'une famille noble, à moins qu'il ne
» justifie d'une origine commune.

» Les armoiries d'une Maison noble appartiennent telle-
» ment au droit civil et au droit public, qu'elles sont, par
» leur nature, incessibles et inaliénables ([2]). »

A. de Laigue, dans ses *Familles françaises considérées sous le rapport des prérogatives honorifiques*, page 166, donne sur cette matière son avis, que nous enregistrons

([1]) GUYOT ; *Répertoire universel et raisonné de Jurisprudence*, t. XII, p. 273, col. 2.

([2]) Requête au Roi par le président Bigot ; 1772.

encore, bien qu'il ne soit que la reproduction de celui de Balde et l'écho des autres : « C'est dans le nom et les » armes que résident principalement la mémoire d'une » Maison et la splendeur d'une race ; dès lors, le nom et » les armes sont la propriété la plus précieuse comme la » plus sacrée. L'imposition du nom et des armes étant un » des droits de la souveraineté, nul n'a le pouvoir de les » changer, ni de les aliéner, ni de les communiquer à une » famille étrangère, sans permission expresse du prince. »

Nous allons clore cette trop longue série de citations par deux lignes de Dalloz : « *Les armes constituent une pro-* » *priété ordinaire dont nul n'a le droit de s'emparer, et que* » *protége le droit commun* (1). »

Malgré tout ce qui vient d'être dit et prouvé, nous sommes loin de prétendre que les armes ne soient jamais passées d'une famille dans une autre. Quand ce déplacement a eu lieu, c'est avec la permission du Souverain et l'agrément des mâles de la race primitive ou de ses branches puînées.

Ces exceptions n'altèrent en rien la règle consacrée par la vieille jurisprudence ; il demeure bien établi que le nom et les armes forment une propriété privée, et que l'inviolabilité de l'un s'étend aux autres. Nul n'a la faculté de ravir à une famille un blason qui résume son identité sociale et symbolise sa gloire ou son éclat historique. La seule chose admise et pratiquée sous l'ancienne législation, c'est l'écartelure des armes de la femme et de l'époux, avec cet avantage toutefois, pour ce dernier, que les siennes, tenant la droite du champ, primaient les autres, placées à gauche.

Scohier, dans son *Estat et comportement des armes* (2),

---

(1) Article *Noblesse,* n° 39.

(2) Chapitre XV, page 66.

ne permet pas au père privé de rejeton mâle de faire
porter ses armes aux enfants de sa fille. Selon Guyot, les
tiers ne peuvent les recueillir qu'avec la permission des
mâles dont se compose le groupe de famille. De La Roque
ne reconnaît pas à la noblesse maternelle le pouvoir de
transmission héraldique. MM. de Treil, privilégiés entre
tous, auraient reçu le blason des Pardaillan, s'ils le pratiquent, ainsi qu'il m'a été rapporté, d'un domaine sur lequel
ils avaient succédé non aux de Pardaillan, mais aux de
Portes. La terre aurait caché dans son sein plus d'avantages
que la consanguinité féminine.

Lorsque les armes remémorent de lointains et patriotiques souvenirs, de hautes alliances, on ne peut les laisser
à la merci de l'orgueil plagiaire ou de fantaisies compro-
mettantes (¹). Aussi, le droit nouveau, conforme à l'ancien,
assigne-t-il aux mâles la propriété exclusive des armoiries (²).

Les violations d'armes timbrées furent l'objet de mesures
rigoureuses de la part de nos rois. L'ordonnance d'Orléans
porte que les usurpateurs seront punis comme pour *espèce
de crime de faux*. Celle de Blois, demandée par les États
généraux, confirma la précédente. Henri III appliqua
2,000 livres d'amende aux contrefacteurs d'armoiries
indicatives de qualités, c'est à dire surmontées de couronnes, torsades ou casques. Ses successeurs, Henri IV et

(¹) Autrefois, les surintendants d'armoiries, établis par le Roi, avaient pour
mission spéciale de contrôler les armes des provinces et de les reprendre à ceux
qui les avaient prises. Aujourd'hui que ces inspecteurs du blason n'existent plus,
les Tribunaux ont hérité de leur pouvoir répressif.

(²) Avant le procès en usurpation intenté aux Lejeune par le marquis de Créquy,
celui-ci, tenant garnison dans la ville d'Angers, entrevit une voiture à ses armes
sous une remise. Il sut qu'elle appartenait aux Lejeune; aussitôt, sur ses ordres,
un homme de sa suite prend un couteau, et, assisté d'un piquet de cavalerie, vint
effacer le blason des Créquy que les Lejeune avaient fait peindre sur un des pan-
neaux de leur carrosse.

Louis XIII, renouvelèrent les mêmes déclarations le 23 août 1598, en janvier 1629 et le 26 avril 1634. Le dernier prince, pour faire droit aux remontrances des États généraux de 1614, institua, par édit de juin 1615, un juge d'armes du royaume pour vider, sauf appel devant les maréchaux de France, les contestations relatives aux armoiries. Le règlement du 4 novembre 1616 attribua au même officier la connaissance de tout changement ou augmentation dans les écus héraldiques (1). Sous Louis XIV il y eut aussi des prohibitions comme celles rapportées plus haut.

Le Parlement de Paris, le 22 décembre 1599, le Conseil d'État, le 17 août 1704, la Cour de Cassation le 25 janvier 1823, ont décidé que les armes étaient une propriété transmissible, de même que le nom ou les titres, et que leur emploi était interdit à tous ceux ne se rattachant pas à la famille.

La vanité est éternelle, et la vérité a bien inutilement essayé de la combattre dans tous les temps. Jean Scohier, il y a deux siècles, gourmandait les fraudes héraldiques de gens qui substituaient les couronnes aux casques et aux torsades. Sa vieille et bonne raillerie gauloise a, de nos jours, conservé tout son à propos :

« Tel porte aujourd'huy couronne sur son heaulme
» timbré du quel les ancestres ne l'ont jamais porté,
» mesmement aucuns nouvelliers changent le tymbre
» ancien de leur Maison pour y mettre une couronne, au
» lieu que leurs ancestres portaient la torque seule. O
» pauvres idiotz ! mettez-vous et applicquez-vous une cou-
» ronne d'or sur les heaulmes de vos armes timbrées et
» ignorez la cause de l'affixion de la couronne aux heaul-

---

(1) *Histoire de la principale Noblesse de Provence*, par Maynier; in-4°, p. 29.

» mes? Où sont les entreprises que vostre père, ave,
» bisayeul ou proave et autres vos prédécesseurs ont eu au
» couronnement de quelque roy ([1]). »

MM. Auguste-Frédéric de Treil et ses parents, s'ils empruntent, comme on l'assure, les armes de la famille de Pardaillan, ont négligé d'obtenir son approbation préalable. C'est donc un nouveau délit qui vient grossir les autres. En effet, si après avoir mis la main sur la qualification de comte de Pardaillan, ils ont forcé encore leur ressemblance avec le représentant unique de cette Maison en copiant son blason, la justice, gardienne du nom, du rang et des armes, saura les préserver désormais.

XII

MM. DE TREIL NE PEUVENT INVOQUER UNE POSSESSION DEUX FOIS ILLÉGALE ET INSUFFISANTE CONTRE UNE PROPRIÉTÉ SE RATTACHANT A L'ÉTAT DES PERSONNES, ET PAR CONSÉQUENT IMPRESCRIPTIBLE.

Tout le monde connaît cet axiome de la vieille jurisprudence :

Possesseur de malle foy ne peut prescrire ([2]).

Maugard, que je me plais à citer à cause de sa pertinence en ces matières, partage cette manière de voir :

« Lorsqu'une chose reçue ou tolérée est absolument

([1]) Jean SCOHIER ; *Estat et comportement des armes*, chap. XII, p. 100, 103.

([2]) « L'usurpateur de mauvaise foi ne mérite aucune grâce ; celui qui est de
» bonne foi mérite indulgence ; mais aucune possession, quelque longue qu'elle
» soit, ne peut la légitimer. Il faut qu'il renonce à la noblesse et qu'il indemnise
» pour raison des exemptions dont il a joui. » (MAUGARD ; *Rem. sur la Noblesse*,
p. 148.)

» mauvaise, contraire à l'ordre public, aux vrais principes
» qui constituent une monarchie (où la confusion des rangs,
» l'usurpation des titres et dignités sont un attentat commis
» contre l'autorité souveraine), elle ne peut être légitimée
» ni réputée bonne, eût-elle été tolérée pendant plusieurs
» siècles, parce que ce qui est vicieux dans son principe
» ne peut jamais cesser de l'être. C'est une maxime dont la
» vérité est reconnue par tous les jurisconsultes, tant
» anciens que modernes. »

Les audacieux pouvaient considérer les titres comme
tombés dans le domaine commun; mais les écrivains
comme Saint-Simon, les rois, les grands corps judiciaires
résistaient, autant qu'il était en eux, à cet entraînement
général et progressif. Un arrêt du Parlement de Paris, à la
date du 13 août 1663, et la déclaration du 3 mars 1699,
dirigée spécialement contre les usurpateurs de la Franche-
Comté, faisaient défense « à tous les propriétaires et à
» toute personne, de prendre les titres de marquis, comte,
» vicomte, barons ou autres semblables, sans une concession
» expresse *ou une possession* PLUS *que centenaire.* »

La force de l'habitude neutralisa l'effet de ce règlement.
Les violateurs du nom et des qualités d'autrui ne peuvent
par conséquent s'autoriser que de l'impuissance de la loi ;
mais la justice ne saurait guère priser de tels moyens
défensifs.

En l'absence de texte de loi, la jurisprudence, confirmée
par un arrêt de la Cour de Cassation (16 mars 1841),
admettait un laps de temps exceptionnel en matière de
noms et de titres. « Il faut une possession centenaire, et
» encore est-il nécessaire que cette possession résulte
» d'actes publics et non pas d'actes privés passés dans le
» sein des familles, en dehors de toute notoriété et de toute
» publicité. En effet, une famille peut ignorer pendant

» plus d'un demi-siècle que son nom a été usurpé dans une
» province éloignée où elle n'a aucune espèce de relation. »

Dalloz pense « que le fait d'un changement de nom
» illégal en lui-même ne peut fonder la possession. »

M. de Courcy admet la possession d'un siècle comme
moyen justificatif d'un nom; « mais cette preuve serait
» sans valeur pour constater un droit réel à des qualifica-
» tions nobiliaires (1). » Aussi la durée de cent ans,
lorsqu'il s'agit d'un titre, lui semble inacceptable (2).

Un arrêt de la Cour de Cassation du 10 mars 1862 (3), dit
» qu'il n'y a point à invoquer en pareille matière les règles
» de la prescription, le droit naissant du fait, non d'une
» possession prolongée pendant un temps quelconque néces-
» saire à prescrire (4). »

Ce jugement est complété par les considérants ci-après :
« Que les faits de possession propres à confirmer cette
» composition des noms patronymiques ne sont soumis, ni
» aux règles établies par la loi en matière de prescription
» acquisitive de propriété, ni à celle relative à la posses-
» sion d'état en matière de légitimité, ni à celles réglant la
» tenue des registres de l'état-civil. »

Au point de vue du droit strict, une fraude ne peut jamais
constituer l'investiture régulière d'un titre dont l'occupation
plus ou moins longue n'efface pas le vice de provenance.

---

(1) *De la Noblesse et de l'application de la loi contre les usurpations nobiliaires,* par M. de Courcy, broch. in-12; préface, p. VI.

(2) Il l'accepte seulement dans le cas ci-après : Quant aux personnes « qui n'en
» jouissent que par brevet militaire, signé du Roi en faveur de l'un de leurs
» auteurs, comme les titres de cette catégorie étaient viagers et non héréditaires,
» leur confirmation ne serait acquise que moyennant la preuve d'une possession
» centenaire. »

(3) Un autre arrêt du 24 mai 1865 sanctionne celui qui précède en ces termes :
« Que la possession d'un nom ainsi modifié ou accru est à interroger, sans inter-
» vention aucune des principes de la prescription. »

(4) LEVESQUE, p. 227.

C'est l'opinion de M. Levesque, qui, en se plaçant sur le terrain des principes, trouve la durée énoncée dans la déclaration de 1699 impropre à couvrir l'illégalité de la possession même centenaire.

Il ajoute : « Ce que nous avons dit (1) des « usurpations » » tolérées sinon permises, au profit des nobles, doit conduire » à une solution semblable ; mais nous insistons sur ces mots : » *au profit des nobles,* et nous rappelons qu'une possession, si » prolongée qu'elle eût pu être, eût été vainement invoquée » par celui dont la roture eût été prouvée. »

Ailleurs, M. Levesque pousse plus loin ses déductions, qui nous semblent rigoureuses et frappantes. Il soutient que « l'usurpation (toujours dans le système qui lui défend » de puiser ses effets en elle-même) ne pouvait pas davan- » tage être protégée par une appellation sortie de la bouche » du Souverain, ni par l'apposition de sa signature à une » lettre ou à un acte de famille où figurait le titre usurpé. » Il ne fallait pas confondre ces faits avec une concession » régulière ; celle-ci ne pouvait résulter que d'un acte de » l'autorité royale revêtu de toutes les formes usitées pour » les décisions du Prince et terminées par un mandement » exécutoire. Quant aux désignations verbales, aux sus- » criptions de lettres, aux signatures dans les contrats de » mariage, elles ne constituaient que de simples politesses, » des marques de complaisance et de gracieuseté qui ne » tiraient point à conséquence. »

Le nom, d'après tous les auteurs, est imprescriptible. Dunot (2) nous l'enseigne en ces termes : « On ne prescrit » pas contre la vérité des faits ni contre certaines qualités » auxquelles le temps ni aucun autre titre ne peuvent

(1) *Du Droit nobiliaire français,* p. 303.

(2) *Traité des Proscriptions.*

» apporter de changements : telle est, par exemple, l'indi-
» vidualité de la personne; Caïus sera toujours Caïus,
» quoiqu'il ait passé trente ou quarante ans pour Titius. »
Brillon affirme le même principe, et d'Aguesseau le ratifie.

La consultation des cinq avocats du Parlement de Paris
en faveur de M. Bigot de Sainte-Croix, donnée en 1773,
affirme que la propriété nominale est imprescriptible. « Il
» n'en est pas ainsi des armes, du nom des familles, à
» l'égard desquels la prescription ne peut avoir lieu.
» L'usurpation doit toujours être réprimée lorsqu'elle est
» constante ; c'est ce que l'arrêt de Mailly du 16 juillet 1748
» a jugé. »

Dalloz, tome XXXII, page 517, note 2, résume un arrêt
de la Cour de Paris, remontant au 27 décembre 1823, qui
défend au sieur Canonne de porter le nom de Canolle, par
le motif que, quels que soient les caractères de la possession, elle ne peut détruire le titre.

De Sémainville se rallie à ces conclusions :

« La preuve de roture antérieure détruisant, aux termes
» du Règlement de 1667, la possession centenaire, résout
» l'imprescriptibilité de la noblesse de race. Dans ce cas,
» la longue possession ne peut valoir un titre, le roi ayant
» seul droit d'anoblir. La prescription qui suppose toujours
» un titre perdu, ne reposerait alors sur rien autre chose
» que sur un titre vicieux. Elle est donc illégitime et ne
» peut avoir lieu [1]. »

En 1789, un Treil apparaît aux États généraux comme
seigneur de Pardailhan [2], ce qui n'incorporait nullement ce

---

[1] *Code de la Noblesse,* p. 197.

[2] Dans l'ordre de la noblesse convoqué en 1789, les roturiers, je l'ai déjà dit,
n'étaient pas rares; car on y avait appelé, disent MM. de La Roque et de
Barthélemy *(Catalogue des Gentilshommes du Béarn),* « tous les propriétaires de
» baronnies, de seigneuries, d'abbayes laïques, terres et maisons nobles, sans égard
» à la qualité personnelle des possesseurs. » Ainsi, on trouve dans l'assemblée des

dernier nom au premier pour l'avenir. Levesque observe très bien, à propos d'un exemple analogue : « Ce n'était » pas fondre le nom de terre dans le nom de famille que » de s'intituler : Pierre, seigneur de.......; c'était accoler » à son nom une qualification honorifique, qui en est essen- » tiellement séparable. »

Le même auteur appuie son opinion d'un arrêt de la Cour de Lyon du 29 novembre 1859, qui refuse au sieur de La Roche le droit de porter le nom de Lacarelle, pour le motif ci-après énoncé dans le jugement : « Qu'on voit, en » 1719, la terre noble de Lacarelle devenir la propriété » de Joseph de Laroche de Nully, bisaïeul du demandeur ; » et qu'à partir de ce moment, Joseph de Laroche de Nully » a pris le titre de seigneur de Lacarelle, sans que la » désignation de Lacarelle, toujours restreinte au titre de » seigneurie, formât une addition, et par là même une » partie intégrante du nom. »

Ainsi, la justice, en 1859, a refusé de consacrer un surnom terrien remontant à 1719. Or, celui de MM. Treil est loin d'être aussi âgé, et sa possession ne saurait être plus valable.

La jurisprudence du Conseil du sceau est conforme [1]. Nos adversaires sont dans une situation identique, mais inférieure comme occupation. En 1768, Joseph de Treil, déjà possesseur de la Caunette, acheta la terre de Pardailhan, dont il n'essaya pas de s'approprier le nom. Son fils, après

nobles, sénéchaussée de Lectoure, pour les élections aux États généraux, des bourgeois tels que Ducasse, Lassalle, Dumas, Bourdeau, etc.; dans le bailliage de Casteljaloux, Duval, seigneur de La Mothe ; dans la sénéchaussée de Bordeaux, Jean Édouard Roullier, seigneur de Gassies ; dans la jugerie de Verdun, Dazas, seigneur d'Oudes ; Fournier, seigneur de Montoussé. Les rangs des gentilshommes étaient également envahis par des militaires investis du premier degré de noblesse, laquelle pourtant n'était définitive qu'après trois générations ayant exercé tour à tour des grades supérieurs dans l'armée.

[1] *Procédure en matière nobiliaire*, p. 12.

avoir pris le désignation territoriale de la Caunette, l'aban-
donnait un beau jour pour celle de Pardailhan. Ce changement fut donc pour lui une simple affaire de fantaisie
accusant un goût variable.

En 1854, la propriété du nom de Fénelon fut débattue
devant la justice entre la vicomtesse de Case, née Louise
de Salignac de la Mothe-Fénelon, d'une part, et MM. de
Salignac-Fénelon, qui avaient des emplois élevés dans
l'armée et dans la diplomatie. Ces derniers prouvèrent la
communauté d'origine, et produisirent un acte de partage
remontant à 1786, où le nom de Fénelon était énoncé à la
suite du leur. Sans tenir compte de ce fait, le tribunal,
considérant que l'autorisation tacite de la branche de la
Mothe-Fénelon ne courait pas depuis cent ans, condamna
le 16 juin 1854 les Salignac à rectifier tous les actes dans
lesquels le nom de Fénelon leur avait été attribué ([1]). Ainsi,
le surnom d'une branche, celui de Fénelon, a été retiré
par la justice à des collatéraux qui l'avaient exercé longtemps. MM. de Treil, qui sont plus qu'étrangers à celui de
Pardailhan, ne sauraient être mieux favorisés.

Je me permets de poser à MM. de Treil ce simple dilemme :
Les vôtres, en 1767, étaient-ils nobles ou ne l'étaient-ils
pas? S'ils ne l'étaient pas, en affichant le contraire, ils
commettaient une double usurpation : celle de la noblesse
d'abord, et celle du titre ensuite. La première déplaçait
forcément la condition civile, c'est à dire l'état de leurs
personnes. Or, l'état des personnes, j'en appelle à témoin
le droit ancien et nouveau, ne peut prescrire. Si vous
étiez gentilshommes cent ans auparavant, déployez sous
nos yeux sceptiques les parchemins et les papiers qui
graduent solidement et authentiquement les générations de

([1]) *Origine, étymologie et signification des noms propres et des armoiries*, par
le baron de Coston, p. 147 et 148.

vos ascendants nobles jusqu'en 1667. Sans cette période, en effet, en admettant toujours que la terre de Pardailhan eût rang de baronnie, vos ascendants n'eussent pas été capables de le recueillir. Nous pourrions, avec la plupart des feudistes, réclamer trois ou quatre cents ans ; mais nous ne le ferons pas.

Je veux même raisonner comme si vos devanciers étaient de vieille extraction, et je leur dis : En vous créant barons au mépris de la puissance souveraine, vous avez fait une chose illégale. Si vous n'avez pas transformé socialement votre manière d'être, vous l'avez modifiée comme individus ; dans ce cas, vous retombez en l'état des personnes, qui est imprescriptible. L'occupation séculaire de votre surnom et de votre qualité factice, étant irrégulière, ne peut les valider. L'usage temporaire rend plausible la régularité des titres, mais ne la garantit pas. L'esprit de la déclaration de 1699 ne s'oppose point à cette interprétation ; son sens est uniquement celui-ci : Une possession centenaire fait présumer la légitimité des qualifications. Ainsi, même dans l'hypothèse généreuse où les Treil auraient été nobles depuis cent ans et plus, le titre impossible de baron ne serait pas couvert par la prescription.

En somme, l'inviolabilité du nom conserve, dans l'espèce, toute sa force. MM. de Treil seraient mal venus de chercher à faire valoir un exercice abusif de plusieurs années. Le temps d'ailleurs exigé par l'ancien droit n'a pu consacrer l'appréhension arbitraire du nom de Pardailhan. Si donc par aveuglement ils ont mis le pied dans le fait, la loyauté et le devoir commandent de le retirer devant notre protestation.

La possession de MM. de Treil ne sera jamais propriété ; la preuve est facile à donner. Les ancêtres du consultant ont conservé durant la terreur le nom de Pardaillan, par la

raison qu'il était patronymique, c'est à dire indestructible.
A la même époque, nos adversaires s'appelaient Treil, et
l'évidence de leur personnalité était bien plus claire
qu'aujourd'hui. Ils redeviendraient simplement et forcément
ce qu'ils ont été, si une nouvelle transformation politique
abattait les qualifications, tandis que le demandeur resterait
toujours Pardaillan. Les révolutions ne peuvent rompre
l'appellatif de famille, mais elles emportent les distinctions
postiches.

Quant à la qualification de comte de Pardailhan, portée
par M. Augustin-Frédéric de Treil, on ne peut lui faire
l'honneur de la discuter au point de vue de la durée : elle
compte à peine un ou deux lustres. Qu'on nous pardonne
cette expression poétique, car elle sied très bien à la jeunesse et à la fragilité du titre dont nous parlons.

MM. de Treil savent très bien que le nom de Pardailhan
ne leur appartient d'aucune sorte, et qu'il a été indûment
pratiqué par leurs pères ; ils n'ignorent pas non plus que de
1791 à 1814, l'abolition des désignations seigneuriales les
réduisit au nom de Treil, le seul connu avant l'acquisition
de la terre de Pardailhan. Sous l'inspiration de la bonne
foi, ils auraient dû renoncer spontanément à leur surnom
d'emprunt (¹). Puisque la vanité a maîtrisé leur conscience,
le comte Jules de Pardaillan invoquera la jurisprudence
constante, qui impose de remonter à la forme originelle ou
type primitif, lorsqu'il s'agit de rectifier un nom et de
redresser les erreurs commises à son sujet. L'insuffisance

(¹) Je ne puis guère admettre qu'ils soient parvenus à ce degré de crédulité dont
parle La Bruyère.

« Un homme du peuple, à force d'assurer qu'il a vu un prodige, se persuade
» faussement qu'il a vu un prodige. Celui qui continue de cacher son âge, pense
» enfin lui-même être aussi jeune qu'il veut le faire croire aux autres. De même,
» le *roturier* qui dit par habitude qu'il tire son origine de quelque ancien *baron*
» ou de quelque *châtelain*, dont il est vrai qu'il ne descend pas, a le plaisir de
» croire qu'il en descend. »

du temps exigé pour la prescription, même en déduisant les vingt-trois années pendant lesquelles elle a été forcément suspendue (1791 à 1814) (¹), double la force de son action et ne peut laisser de doute sur son résultat.

XIII

L'INCONSISTANCE DE MM. TREIL DANS L'EMPLOI DU NOM TERRIEN DE PARDAILLAN TOURNE CONTRE EUX.

De nos jours, M. Augustin-Frédéric de Treil prend sur les listes électorales un nom qui diffère totalement des registres de l'état civil. MM. Charles-Arthur et Armand de Treil le pratiquent avec ou sans titre dans les livres de publicité et leurs relations. Ils opèrent un changement qui ne peut fonder la possession. Le surnom de Pardailhan que nos adversaires ont pu recevoir sur l'état-civil de Versailles, de Saint-Pons et de Paris, n'est évidemment point le leur ; ce qui ne les empêche pas de le convertir en nom patronymique. Dalloz exprime à ce sujet un avis qu'il est bon de retenir :

« L'individu qui porte un autre nom que celui exprimé » par son acte de naissance, s'il est attaqué à raison de ce » fait, ne peut être autorisé à conserver le nom emprunté » par le motif qu'il est en possession de ce nom depuis sa » naissance et qu'on le lui a attribué dans divers actes » civils ou judiciaires. »

La qualification de comte de Pardailhan, adoptée spontanément par M. Augustin-Frédéric de Treil, est encore plus

---

(¹) S'ils prirent précédemment le nom terrien de Pardailhan, ce ne put être qu'au mépris de la loi de fructidor an ıı et de germinal an xı.

arbitraire, plus récente, plus éventuelle que toutes celles dérobées par M. d'Arblade, et restituées au plaignant par le tribunal de la Seine. Sur les listes du neuvième arrondissement, le sus-nommé est de Pardailhan tout court; dans l'*État présent de la Noblesse* et les *Dictionnaires du Commerce,* il plaque à ce nom, qui n'est pas le sien, le titre de comte (¹). La désignation distinctive de baron de Pardailhan, dont se décore M. Charles-Arthur de Treil, demeurant à Autricourt (Côte-d'Or), n'est pas plus solide et plus définitive; elle est quelquefois attachée à la queue du nom de Treil, mais ordinairement elle s'en détache; en un mot, souvent *elle varie et bien fol qui s'y fie.* A Paris, en 1785, on ne l'a pas oublié, François-Thomas de Treil se faisait inscrire, au baptême de son fils, baron de Pardailhan; quatre ans après, en 1789, à l'assemblée des États-Généraux, il n'était plus que seigneur de Pardailhan, ce qui s'explique trop bien. De 1790 à 1806, disparition du nom de Pardailhan; en 1814, il remonte à l'horizon en tenue modeste; Alexandre signe sa lettre à Saint-Allais : de *Treil-Pardailhan.* M. Armand, colonel de gendarmerie, figure comme Pardailhan (²) dans sa correspondance et la table de l'*Annuaire militaire;* mais dans le corps du livre, son nom

---

(¹) Avant M. Augustin-Frédéric de Treil, se prétendant comte de Pardaillan, aucun des siens n'avait visé si haut et n'était entré si effrontément dans la peau de la famille de Gascogne. L'usurpateur aura-t-il le courage de défendre de semblables faits devant les tribunaux? Ce serait alors le cas de répéter les paroles échappées à Guyot, dans son commentaire du procès des Lejeune, qui avaient voulu s'enter sur les comtes de Créqui : « Que, dans le temple de la justice, on ose proposer à ses » ministres de prononcer sur l'état des hommes et de prodiguer les noms les plus » illustres, d'après des rêves semblables, c'est ce dont les fastes de nos faiblesses » n'offrent encore aucun exemple. » (*Journal des Causes célèbres. — Répert. de Jurispr.,* par Guyot, t. XII, p. 168.)

Dans le passé, en effet, il n'en existe pas beaucoup en dehors de l'arrêt du 16 janvier 1778, qui interdisait au fils d'un Suisse d'Étampes de porter le nom et les armes des Roquelaure, jusqu'à ce que sa provenance de ce vieil estoc fût établie.

(²) On n'a pas oublié que sur l'état civil de 1808, il est inscrit simplement sous les noms d'*Armand Treil.*

à coulisse s'allonge et redevient Treil de Pardailhan. Les substantifs propres, dans cette famille, se contractent et se dilatent, selon les circonstances et les dangers, comme les vers de terre. De ces changements de mise en scène honorifique, il faut déduire que la qualification de comte ou de baron de Pardailhan, ou de Pardailhan unique, manque de stabilité. Éventuelle, mobile, irrégulière, équivoque, elle peut être à tous les points de vue contestée. C'est ainsi que l'a pensé la Cour suprême en se prononçant de la manière suivante :

» Qu'un particulier n'est point fondé à demander que,
» dans les actes de l'état civil qui l'intéressent, il soit ajouté
» à son nom patronymique un nom de terre qui a été porté
» par quelques-uns de ses auteurs, s'il est établi que la
» possession de ce nom n'a été qu'accidentelle et inter-
» mittente, et qu'un tel nom n'a été, pour les ancêtres du
» demandeur, qu'un titre ou une distinction honorifique.

XIV

LA JURISPRUDENCE EST ABSOLUMENT CONTRAIRE AUX PRÉTENTIONS DE MM. DE TREIL, SE DISANT ET SE SIGNANT DE PARDAILHAN.

On n'a pas oublié que MM. Auguste-Frédéric de Treil et Armand de Treil, colonel de gendarmerie, le premier sur les listes électorales, le second dans sa correspondance et la table de l'*Annuaire militaire,* se présentent sous le nom unique de Pardailhan. Le seul étai de cette prétention est la qualité de seigneur de cette terre, reçue par un ascendant, sur le catalogue des nobles de la sénéchaussée du Languedoc.

Bien entendu que je repousse les contrats domestiques,

où les intéressés, n'ayant point de contradicteur, se permettaient des titres impossibles. Maintenant que la logique et le droit ont découronné nos adversaires de leurs fleurons et de leur torsade, nous allons mettre dans les plateaux de la jurisprudence la qualification de seigneurs de Pardailhan, en vertu de laquelle ils ont opéré leur singulière métamorphose; et peser sa valeur devant la justice. C'est dans cet objet que nous voulons enregistrer quelques arrêts des Cours impériales, ainsi que d'autres décisions judiciaires s'appliquant à des analogues de notre espèce (¹).

Nous commençons par l'extrait d'un jugement du Tribunal civil de Châteauroux, qui rejette la demande en addition d'un nom terrien figurant dans des actes de 1761 et postérieurs :

« Que, sans doute, il est de principe élémentaire que le fils doit
» porter le nom de son père; mais que, si ce principe est incontes-
» table, un autre ne l'est pas moins, à savoir que, pour qu'un fils
» puisse établir par la justice le nom de son père, il doit prouver
» le droit qu'avait son père à porter tel ou tel nom.

» Attendu que le requérant produit à l'appui de sa demande,
» entre autres pièces : 1° un acte du 22 septembre 1761, consta-
» tant que le sieur André (père du requérant) a été baptisé comme
» fils légitime de Louis G...., écuyer, chevalier, seigneur de Vass...
» et autres lieux, et que ledit Louis G.... a signé G.... de Vass....;

(¹) L'affaire que nous déroulons dans ce Mémoire rappelle encore, par d'autres côtés, celle des Lejeune, qui, à la fin du dernier siècle, dérobèrent le nom, le rang et les armes de la maison de Créqui, ainsi que nous venons de le noter plus haut.

Les usurpateurs furent mis en demeure, par le marquis de Créqui, de produire les titres qui les rattachaient à son illustre race. Les Lejeune se trouvèrent dépourvus de possession, et, en place de textes, ils présentèrent des prétextes, à l'instar de M. Augustin-Frédéric Treil et consorts. Tous leurs points d'appui étaient des suppositions ou des erreurs. D'Hozier avait accueilli les Lejeune dans son *Armorial de Bretagne,* en qualité de membres de la famille de Créqui. Cette condescendance du juge d'armes de France n'empêcha pas l'arrêt du 1er févr. 1781, qui fit défense aux Lejeune de porter le nom de Créqui.

» 2° un acte de mariage du sieur André, en date, à Châteauroux,
» du 2 juin 1788, au nom duquel le sieur André et son père sont
» appelés G.... de Vass...., et qui est signé par le père et le fils
» G.... de Vass....

» Que l'examen de ces deux actes, et surtout du premier, de
» celui qui, mieux que tout autre, fixe l'origine du nom, de l'acte
» de naissance du sieur André, il résulte, ce qui, au surplus, est
» parfaitement reconnu par le requérant, que le nom patronymi-
» que de son père est G.... et que le nom de Vass.... n'est et ne
» peut être qu'un nom terrien; qu'il en résulte aussi qu'André et
» son père ont signé ces actes G.... de Vass....;

» Que, s'il est vrai que l'acte de baptême d'André Girard a été
» signé G.... de Vass...., ledit acte n'en porte pas moins que ledit
» André est fils de Louis G...., écuyer, chevalier, seigneur de
» Vass.... et autres lieux; qu'ainsi cet acte de baptême ne donne
» pas à Louis G.... le nom de Vass...., mais le dit seulement sei-
» gneur de Vass.... et autres lieux;

» Que si cet acte de baptême, comme l'acte de mariage, a été
» signé G... de Vass..., cela peut être par suite d'une prétention
» plus ou moins fondée à la noblesse, ou de l'usage, contraire aux
» anciens édits et ordonnances, de joindre à son nom patrony-
» mique le nom terrien, le nom du fief qu'on possédait ou qu'on
» avait possédé; mais que cette signature ne peut constituer un
» droit que les tribunaux civils puissent proclamer;

» Qu'il s'agit seulement pour lui de savoir si les actes de l'état
» civil des père et grand-père du requérant leur donnaient le nom
» de G... de Vass...;

» Qu'il n'y a lieu de s'arrêter aux deux baux de 1760 produits
» au tribunal; qu'en effet, les tiers-parties à ces deux actes n'ayant
» eu aucun intérêt à contester les qualifications qui y sont renfer-
» mées, ces actes ne peuvent avoir aucune valeur;

» Qu'ainsi, en présence des pièces produites, il n'est pas pos-
» sible au tribunal de trouver une preuve suffisante que les auteurs

» du sieur André G... aient porté de père en fils le nom terrien
» de Vass..., accolé à celui de G.., dans les actes de l'état-civil,
» que ce nom de Vass... soit devenu une partie intégrante du nom
» patronymique G...;

» Par ces motifs, le Tribunal, statuant en premier ressort, dit
» qu'il n'y a lieu de prononcer la rectification demandée, et con-
» damne Charles G... aux dépens de sa demande.

C'est en passant une revue ascensionnelle des générations que la justice parvient à s'éclairer et à distinguer les
noms patronymiques des appellatifs d'occasion ; ainsi elle
fera pour MM. de Treil, auxquels elle sera protectrice
malgré eux, car elle sauvegardera leur identité et celle de
leurs enfants.

Nous soumettons encore à M. Augustin-Frédéric de Treil,
de même qu'à ses proches, un jugement du tribunal de
Saint-Jean-d'Angély, rendu le 2 mars 1860. Chacun d'eux
y pourra puiser des enseignements particuliers. Il s'agit
cette fois, non pas de la suppression du nom patronymique
(ce qui serait plus grave), mais de l'addition d'un nom
féodal. Le bisaïeul de l'inculpé le portait, le 17 mars 1789,
à l'assemblée générale de St-Jean-d'Angély, en plein ordre
de la noblesse dont il était le secrétaire. Il l'avait employé
précédemment dans une série d'actes, notamment dans des
papiers de procédure de 1785 à 1788. Les faits de la
Saintonge et ceux du Languedoc, au moment de la Révolution, offrent par conséquent une grande analogie :

« Que dès lors son nom est Perraudeau, et que c'est sans droit
» qu'il y a apporté modification ;

» Attendu qu'il y a eu publicité ;

» Attendu que le nom a été modifié en vue de s'attribuer une
» distinction honorifique ;

» Attendu que pour établir qu'il n'y avait eu de sa part soit
» erreur, soit illusion, A. Perrodeau a produit divers titres et
» actes :

» L'extrait délivré le 21 janvier 1860 par le directeur général
» des archives de l'empire, du procès-verbal de l'assemblée géné-
» rale du 17 mars 1789, de la sénéchaussée séant à Saint-Jean-
» d'Angély, portant que le sieur de Perraudeau, bisaïeul, a voté
» comme électeur de l'ordre de la noblesse, dont il a été élu le
» secrétaire avec voix délibérative ;

» En admettant, ce que le Tribunal n'est pas et ne peut être
» appelé à décider, que le bisaïeul et le trisaïeul de Perraudeau
» aient été nobles et lui aient transmis cette qualité, celle-ci n'a
» jamais pu conférer à leurs descendants le droit de s'attribuer le
» nom de : de Beaufief.

» Que le bisaïeul d'A. Perraudeau est porté sur la liste indiquant
» les gentilshommes du bailliage de Saint-Jean-d'Angély, votant en
» 1789, sous le nom de Perraudeau de Beaufief, mais que cette
» seconde appellation est évidemment terrienne et nullement
» patronymique ;

» Attendu que l'inculpé a produit plusieurs actes dans lesquels
» son bisaïeul, René-Joseph-Benoît Perraudeau, écuyer, est dit
» seigneur de Beaufief ; — des actes de procédure de 1785, dans
» lesquels ledit René-Benoît Perraudeau, écuyer, bisaïeul, est dit
» seigneur de Beaufief et de Chantemerle, et autres lieux ; — des
» actes notariés des 3 février 1788, 19 avril, 20 octobre suivants,
» dans lesquels il reçoit les mêmes qualifications d'écuyer ou
» chevalier, seigneur de Beaufief et Chantemerle. — L'acte de
» baptême du 10 février 1788 de Claire d'H., dans lequel figure
» comme parrain ledit René-Joseph-Benoît Perraudeau, écuyer,
» seigneur de Beaufief et Chantemerle, et dans lequel il signe
» Perraudeau de Beaufief ;

» Attendu que les qualifications féodales étant abolies depuis
» 1790, A. Perraudeau ne pouvait se prévaloir des termes ci-dessus
» pour s'attribuer le nom de de Beaufief, dont le mot qui le

» précède, *seigneur de*, détermine le caractère, et donner à ce nom
» l'effet de devenir, abstraction faite de l'expression intermédiaire,
» partie intégrante du nom patronymique, alors que, dans aucun
» acte de l'état-civil de la famille Perraudeau, on ne trouve porté
» ledit nom de Beaufief sans qualification féodale ; qu'il ne l'est
» même pas dans les actes avec cette qualification ; qu'il ne pour-
» rait davantage se prévaloir de la signature Perraudeau de
» Beaufief à l'acte de baptême du 10 février 1788, puisque
» l'expression qui formalise et explique ce nom dans le corps de
› l'acte est terrienne et de la nature sus-qualifiée ;

» Il devait s'abstenir de s'attribuer et de signer le nom de
» de Beaufief; qu'il le devait d'autant plus, qu'il a le bénéfice
» incontesté d'un nom honorable et honoré, auquel un de ses
» ancêtres a attaché une célébrité dont la contrée garde un souve-
» nir mérité ;

» Le Tribunal, après avoir délibéré, déclare Perraudeau atteint
» et convaincu d'avoir, en l'année 1859..., sans droit et dans le
» but de s'attribuer une distinction honorifique, publiquement
» changé, altéré ou modifié le nom que lui assignaient les actes
» de l'état-civil...;

» Pour réparation, condamne ledit Perraudeau...; ordonne la
» mention du jugement en marge des actes, etc. »

Un décret, daté du 2 août 1861, avait autorisé M. Ruinart
de Brimont à faire suivre son nom de celui de Brassac,
qui particularise une branche illustre de la Maison de
Galard. A la demande de M. Hector de Galard, comte de
Béarn, sénateur, le décret ci-dessus fut rapporté par un
autre du 14 février 1863.

La jurisprudence est donc constante dans la répression
des griefs pareils à ceux qui ont déterminé ce procès.

XV

MM. DE TREIL TOMBENT SOUS LE COUP DE TOUTES LES LOIS ANCIENNES ET NOUVELLES.

La législation d'autrefois et d'aujourd'hui se dresse tout entière contre les changements de nom commis par MM. de Treil.

Jusqu'au milieu du seizième siècle, les grandes Maisons avaient changé de nom et d'armes selon leur capricieuse volonté. La tolérance du Monarque et la liberté abusive des gentilshommes étaient devenues dangereuses pour l'unité des familles et l'ordre public. C'est alors (26 mars 1555) que Henri II promulgua son édit d'Amboise, qui, » pour éviter la supposition du nom et des armes, » interdisait « à toutes personnes de changer de nom sans avoir » obtenu des lettres de permission et dispense, à peine de » 100 livres d'amende ; d'être punies comme faussaires et » privées des degrés et priviléges de la noblesse. » Cette ordonnance fut suivie de celle d'Orléans ([1]), tendant à réfréner les mêmes excès : « Art. 120. — Ceux qui usur- » peront faussement, contre la vérité, le nom et le titre de » noblesse, prendront et porteront armoiries timbrées, » seront par nous mulctés d'amendes arbitraires, et au » paiement d'icelles contraints par toutes voies. »

Les appréhensions des qualités de noble, escuyer, mes- sire, chevalier, furent condamnées à l'amende en 1560.

Les mêmes défenses furent réitérées par les déclarations de juillet 1576, de septembre 1577.

([1]) Elle est du 31 janvier 1560. — ISAMBERT ; *Anc. Législat. franç.*, t. XIV, p. 91.

Henri III rendit en 1579 l'ordonnance de Blois(¹), qui avait pour but de mettre un terme aux abus sans cesse renaissants du nom de seigneurie (²). L'article 211 frappait de nullité tous les actes où ne figurait pas seul le nom de famille. « Mais cet article, constate André La Roque, n'a » pas eu tout l'effet qu'on s'était proposé, car bien des » personnes, au lieu de l'observer, y ont contrevenu for- » mellement, *ce que j'ay remarqué* dans des actes authen- » tiques et publics. »

A l'assemblée des États, tenue à Rouen le 11 novembre 1596, les trois ordres, voulant réagir contre ce fâcheux état de choses, décidèrent de concert, « que les roturiers et » les hommes de basse naissance, et ceux mesme qui avoient » *acheté* des lettres de noblesse, ne pourroient porter le » *nom* des *places, chasteaux* et *seigneuries* qu'ils auroient » acquis; et qu'ils ne pourroient, en quittant leur *propre*

(¹) L'ordonnance de Blois, en 1579, article 238, déclara « que tous les roturiers » et non nobles, acquéreurs de fiefs, ne seraient ni anoblis ni mis au rang et degré » des nobles, de quelque revenu et valeur que soient les fiefs. » Le placard de 1616, qui détermina la noblesse des Pays-Bas et s'étendit à l'Artois, aux Flandres, au Hainaut, contenait des dispositions semblables : « Si lesdites terres, fiefs ou seigneu- » ries, décorés de titres relevés d'honneur, comme de baronnie, vicomté, comté, » marquisat, principauté ou duché, viennent à tomber ès-mains de personnes non » nobles, ou de qualité nullement digne, ni correspondante à tels titres, cesseront » entièrement, comme éteints et réunis à notre seigneurie, sans pouvoir être » continués par tels nouveaux propriétaires. » ¦

La nécessité de cette mesure fut générale. Les rois d'Espagne formulèrent dans leurs règlements, que « les roturiers qui auront pris les qualités de marquis, comte, » baron et autres titres honorifiques des terres titrées qu'ils possèdent, seront » condamnés à 100 florins d'amende. » (*Recueil des grandes ordonnances.* Toulouse, Dupleix, 1786, p. 210.)

A partir de la prohibition de 1579, la terre perdit la puissance de communiquer la noblité. « Aujourd'hui même, — dit M. de Sémainville, — pour prendre ou » revendiquer un titre attaché à une terre, il faut prouver que vous ou votre ascen- » dant, dont vous avez hérité, étiez noble; c'est ce qui résulte d'un arrêt de la Cour » impériale d'Agen, en date du 28 décembre 1857. » (Voir plus haut, p. 81.)

(²) Un arrêt du 8 août 1582, rendu par la Chambre de l'Édit, infligea la peine corporelle aux roturiers qui s'arrogeaient la qualité d'écuyer. L'Édit de mars 1583 confirma les précédents.

» *nom*, s'enter sur des familles nobles dont ils auraient
» acheté des terres. »

L'ordonnance du 18 janvier 1629, article 211, enjoignait
» à tous gentilshommes de signer uniquement du nom de
» leur famille et non de celui de leur seigneurie, en tous
» actes et contrats qu'ils feront, à peine de nullité desdits
» actes et contrats (¹). »

Une déclaration du 30 août 1634 interdisait à ceux
qui n'étaient pas gentilshommes de s'attribuer la qualité
d'écuyer.

Sous Louis XIV, divers règlements, entre autres ceux
des 15 mars 1655, 10 décembre 1656, 8 février 1664,
5 juillet 1664, commirent les Cours des Aides pour la
recherche des usurpations de noblesse.

Les prohibitions du 26 février 1665 et du 4 janvier 1696
étaient dictées par le même esprit et le même but. Un arrêt
du Conseil (4 juin 1663) décidait que la qualité de *noble
homme,* introduite dans les contrats avant et depuis 1560,
n'établissait point la possession d'état. Enfin, en vertu de la
déclaration du 8 décembre 1699 (²), nul ne devait, sous
peine d'une amende de 50 florins, s'attribuer les titres de
marquis, comte ou baron, attachés au fief, s'il était tenu
par des roturiers. Les nobles ne pouvaient point non plus
prendre des titres dont leurs seigneuries n'étaient pas dé-
corées. Nous avons oublié de noter, à propos de l'ordonnance
de Blois, que l'article 258 avait pour but de prévenir et de

(¹) *Recueil des grandes ordonnances des Rois de France de* 1536 à 1681.
Toulouse, Dupleix, 1786; in-4°, p. 350.

(²) L'identité du nom de famille a de tout temps paru essentielle au législateur. La particule, placée devant le nom qui ne l'avait pas, le modifiait dans sa
forme première; c'est pour arrêter cet usage fâcheux que l'on introduisit, dans la
déclaration du 3 mars 1699, l'article 330, qui du reste ne faisait que répéter
l'ordonnance rendue par le duc de Lorraine en 1585. Cette ordonnance punissait
l'emploi arbitraire du *de* et imposait une signature exactement conforme à
l'appellatif de famille.

réprimer les anoblissements de vilains, détenteurs des fiefs érigés en dignité. Laplace explique ces dispositions par ce motif « que la noblesse du fief était inhérente au fonds, » et qu'ainsi elle ne pouvait passer d'elle-même dans la » personne de l'acquéreur ([1]). »

Il semble que les abus se multipliaient avec les lois.

Si l'annexion d'une particule était frappée, celle qui entraînait après elle le nom et le titre d'autrui était beaucoup plus grave.

Deux lois, l'une du 23 juin 1790, l'autre du 19 décembre 1791, exigeaient de tout citoyen l'emploi unique du nom de famille. La loi du 24 brumaire an II fut féconde en inconvénients de toutes sortes, pour avoir décrété que chacun avait la faculté de rejeter son nom et d'en adopter un autre. Ce principe eut un résultat si funeste, qu'il fut réformé par ceux qui l'avaient professé et appliqué. Cette impérieuse nécessité leur dicta la loi du 6 fructidor an II (23 août 1794), laquelle abolissait tous les noms qui n'étaient pas patronymiques ou conformes aux actes de naissance ; ceux qui les avaient laissés étaient tenus de les reprendre. La même loi défendait d'accompagner ou de faire précéder son propre nom de qualifications nobiliaires ou féodales.

Le besoin de faire strictement exécuter ces dispositions força le Directoire à prendre les sévères mesures contenues dans son arrêté du 19 nivôse an VI (6 janvier 1797).

La loi du 11 germinal an XI, qui prohibe tout changement de nom non concédé par le gouvernement, n'a jamais été annulée. Cette défense s'étend aux additions, car les surnoms de terre ou autres sont considérés avec raison par la jurisprudence comme supplémentaires.

Rien n'a été innové par des lois postérieures aux dispo-

([1]) LAPLACE; *Introduction aux Droits seigneuriaux*, 1749.

sitions de celle de germinal. Elle conserve donc sa pleine
vigueur, ainsi que l'ordonnance de 1555, qui n'a nullement
été abrogée par la loi du 6 fructidor an II, frappant de
peines correctionnelles et même criminelles, en cas de ré-
cidive, les changements de nom (1).

En effet, l'ordonnance de 1555, quoique non enregistrée,
a toujours été obligatoire (2). Sa défense de faire des subs-
titutions de nom en dehors de la dispense royale, a toujours
été applicable à tout individu noble ou roturier. Dans
l'affaire Musnier contre Folleville, la Cour a déclaré, le
13 janvier 1813, que le Gouvernement n'avait pu perdre
le pouvoir d'autoriser les changements de nom, pouvoir
qui lui appartenait par la nature des choses et par l'ancienne
législation consignée dans l'ordonnance de 1555, dite ordonnance d'Amboise, renouvelée par la loi du 11 germinal
an XI.

Les additions de noms et les appropriations de titres
enfreignent, par conséquent, toutes les lois que nous venons
d'énumérer, et principalement l'édit d'Amboise de 1555,

---

(1) DALLOZ; Art. *Nom.*

(2) « Considérant que, parmi ces ordonnances, se trouve celle de Hénri II, rendue
» à Amboise en 1555, sur les changements de nom; qu'il résulte d'un arrêt de la
» Cour de Cassation, en date du 13 janvier 1813 (n° 28), que cette ordonnance était
» exécutée comme loi de l'État, puisque cet arrêt dit que le droit d'autoriser le
» changement de nom est un attribut essentiel de la puissance souveraine; que
» c'est un pouvoir qui lui appartient, et par la nature des choses et par l'ancienne
» législation consignée dans l'ordonnance de 1555, dite d'Amboise; — considérant
» que l'on a toujours tenu pour principe, depuis ladite ordonnance, que le Roi seul
» pouvait permettre le changement ou l'addition de nom; — que cette ordonnance,
» quoique paraissant faite seulement pour les familles nobles, s'appliquait néan-
» moins aux noms de famille des particuliers, à cause des mots *toutes personnes* qui
» y sont employés; — considérant que les mots *changement de nom,* qui sont
» insérés dans l'ordonnance, ne sont point limitatifs au changement absolu de
» noms, mais ont été appliqués aux additions de noms, parce que ces additions
» modifient le nom primitif en y ajoutant un nom nouveau; que les deux noms
» réunis forment nécessairement un changement de nom. » (DALLOZ; Art. *Nom,*
tome XXXII, n° 34.)

le décret du 6 fructidor an ɪɪ, et la loi du 11 germinal
an xɪ (¹).

« Dès que la société rapproche les hommes, a dit le
» tribun Challan, préparateur de la susdite loi, le nom
» devient un signe caractéristique, à l'aide duquel chacun
» se reconnaît et se classe : en sorte que le particulier et la
» société se trouvent dans l'obligation de conserver les
» preuves d'identité et d'empêcher le changement du signe,
» afin de prévenir la confusion que ce changement occa-
» sionnerait dans les rapports réciproques. Changer le nom
» serait une dérogation à l'ordre public (²). »

Bien que nous n'ayons pas qualité pour intervenir comme
citadin du lieu de Pardaillan, nous nous permettrons de
rappeler que plusieurs décrets ou circulaires ministérielles de
1808, 21 mars 1811, 1813 et du 25 juillet 1828, interdisent
de prendre le nom d'une commune. Celle qui aurait subi ce
genre d'atteinte, peut même, en vertu de l'ordonnance du
8 janvier 1817, faire révoquer la décision qui n'était pas
conforme à ces mesures prohibitives. Ce droit a été étendu,
par l'article 49 de la loi du 18 juillet 1837, à tout contri-
buable de la commune, pourvu que l'action fût intentée
sumptibus suis. Le 15 décembre 1860, le littérateur

(¹) Voici la loi du 11 germinal an xɪ : « Toute personne qui aura quelque raison
» de changer de nom, en adressera la demande motivée au Gouvernement. •
» Le Gouvernement prononcera dans la forme prescrite pour les règlements
» d'administration publique.
» S'il admet la demande, il autorisera le changement de nom par un arrêté
» rendu dans la même forme, mais qui n'aura son exécution qu'après la révolution
» d'une année, à compter du jour de son insertion au *Bulletin des Lois.*
» Pendant le cours de cette année, toute personne y ayant droit sera admise à
» présenter requête au Gouvernement, pour obtenir la révocation de l'arrêté auto-
» risant le changement de nom, et cette révocation sera prononcée par le Gouver-
» nement, s'il juge l'opposition fondée. »
La même loi défendait d'accompagner ou de faire précéder son nom propre de
qualifications nobiliaires ou féodales.

(²) Discours au corps législatif.

Roselly ayant été autorisé à faire suivre son nom de celui de Lorgues, la ville qui le portait réclama, et le décret de concession fut abrogé par un autre du 12 août 1862. Divers jugements récents ont ratifié ces principes, dont l'exception ne s'applique qu'à des noms de famille aussi anciens que les dénominations de lieu. Ce cas n'est pas tout à fait celui de MM. Treil, qui s'assimilent néanmoins l'appellation d'une localité et celle du consultant. L'usurpation étant deux fois manifeste, la justice n'a plus qu'à intervenir pour faire respecter et triompher le droit.

A la rentrée des Bourbons, la Charte, par son article 71, restaura l'ancienne noblesse et conserva la nouvelle. Sous Louis-Philippe, toutes les deux furent maintenues jusqu'au 28 avril 1832. A cette date, l'abrogation de l'article 250 du Code pénal livra en pâture à tous les appétits les distinctions honorifiques (1). Le 24 avril 1852, le président de la République annula, par un décret, l'arrêté du Gouvernement provisoire abolitif de la noblesse. Enfin la loi du 28 mai 1858 a relevé l'article 250 du Code pénal et sanctionné pour ainsi dire toute la législation passée sur la matière. Les plaintes contre les changements et les altérations trouvèrent un écho dans le rapport de M. du Miral, qui les constata en ces termes : « Des amendements revêtus » d'un nombre inaccoutumé de signatures nous signalaient, » comme un abus non moins grave que l'usurpation des » titres, la falsification des noms, et nous faisaient sentir » l'avantage de confondre dans une même pénalité ces » désordres de même nature. »

(1) En 1832, après que l'article du Code pénal qui réprimait les usurpations de titres eut été aboli, on se rua avec frénésie sur les qualifications; laissons parler M. du Miral, le législateur déjà nommé de 1858 : « Cet amour des distinctions ne » se manifestait pas seulement par la convoitise des titres, il se révélait aussi d'une » manière plus générale encore par l'emploi des combinaisons les plus variées, » pour donner aux noms qui en étaient dépourvus une physionomie aristocratique. »

Ailleurs, M. du Miral caractérise la loi du 28 mai 1858 :
elle « a pour but principal d'atteindre l'audace, la mauvaise
» foi ou la fraude, et de délivrer de tous les éléments
» parasites une institution à laquelle se rattachent les
» grands souvenirs de la monarchie (1). »

L'ordonnance de 1555 et toutes les postérieures déclarent
attentatoire à la loi tout changement de nom. La tolérance
envers les infractions passées n'est pas une raison d'impunité dans le présent, car la faiblesse de l'ancien régime
judiciaire ne doit et ne peut avoir pour conséquence de
désarmer le nôtre. Supposons un abus lésant un intérêt
particulier : l'action civile d'aujourd'hui devrait-elle ne pas
aboutir à cause de l'inaction d'autrefois ?

Si l'ordonnance d'Amboise a été trop souvent bravée, la
loi du 28 mai 1858 ne le sera point impunément, car son
rapporteur n'a pu faire une vaine promesse lorsqu'il a dit :
« Quelle que soit la valeur ou la nature actuelle des titres,
» ils constituent un droit pour les propriétaires légitimes,
» et, dans un État policé, tous les droits doivent être
» respectés; l'usurpation ne doit d'ailleurs, dans aucun cas,
» être permise; elle est tout à la fois un désordre et un
» scandale; cela suffirait pour déterminer à la punir; elle
» est, en outre, une atteinte au droit qu'a le Souverain de
» conférer les titres qu'on usurpe. »

Ces lignes sont un terrible avis pour MM. Treil, qui ont
renversé tour à tour l'imposant faisceau de lois que nous
venons de rappeler.

_____

(1) Le 8 janvier 1859, lorsque fut reconstitué le conseil du sceau des titres, M. de
Royer, ministre de la justice, prépara le décret par un rapport dont je détache
quatre lignes :
« Sire, en rétablissant les dispositions pénales contre ceux qui usurpent des titres
» et qui s'attribuent sans droit des qualifications honorifiques, la loi du 28 mai 1858
» a rendu aux titres légitimement acquis, leur importance réelle et leurs droits au
» respect public. » (DE SÉMAINVILLE; *Code de la Noblesse,* p. 723 et 724.)

XVI

LES JUGEMENTS RECTIFICATIFS DE L'ÉTAT-CIVIL OBTENUS PAR
MM. DE TREIL, NE PEUVENT ÊTRE OPPOSÉS A LA REVENDICA-
TION DE M. LE COMTE THÉODORE-JULES DE PARDAILLAN.

La rectification n'a pu changer la personne de MM. Treil
ni les faire Pardailhan quand ils ne l'étaient pas. Si la
chose jugée est réputée vérité, c'est uniquement dans la
limite de ceux qui ont figuré dans l'instance. Aussi une
sentence déclarative de qualité ne peut jamais être opposée
au droit des tiers non intervenus. D'ailleurs l'autorité de
la chose jugée est toujours subordonnée à l'identité des
parties. Si l'état-civil de MM. Treil a été retouché, si le
surnom de Pardailhan a été rétabli, c'est à l'insu du plaignant. Sa faculté de réclamation reste entière, en vertu
du principe général posé dans l'article 1351 du Code
Napoléon : « L'autorité de la chose jugée n'a lieu qu'à
» l'égard de ce qui a fait l'objet du jugement. Il faut que
» la chose demandée soit la même, que la demande soit
» fondée sur la même cause, que la demande soit entre les
» mêmes parties (1) et formée par elles et contre elles en
» la même qualité. »

Une disposition du même Code, article 100, sauvegarde
encore d'une manière plus jalouse le recours du contestant :
« Le jugement de rectification (d'un acte de l'état-civil) ne
» pourra, dans aucun temps, être opposé aux parties inté-
» ressées qui ne l'auraient point requis ou qui n'y auraient
» pas été appelées. » Ces maximes sont celles de Dalloz,

(1) *Res inter alios judicata.*

qui dit : « La chose jugée n'est, en matière d'État comme
» en toute autre matière, qu'une présomption dont les effets
» doivent être restreints aux parties qui ont figuré dans le
» jugement. »

Guyot, avant Dalloz, s'était exprimé dans le même sens :
« Quant aux arrêts dont les décisions roulent sur des faits
» particuliers, il est reconnu qu'ils ne font loi que pour
» ceux qui les ont obtenus (¹). »

La Cour de Cassation appliqua cette doctrine dans l'affaire
Bousquet (1ᵉʳ juin 1863), en refusant d'étendre le bénéfice
de la rectification au-delà du demandeur. Les frères ou
parents ne peuvent retirer du jugement rendu en faveur
d'un seul membre de la famille, ni profit ni dommage pour
eux-mêmes. La forme préalable de leur nom persiste
jusqu'à ce que l'instance déjà faite ait été recommencée
par chacun d'eux. Cette voie est la seule qui puisse les
conduire au résultat du premier réclamant. Il suit de là,
que l'autorité judiciaire, au lieu de s'exercer d'une manière
collective, même lorsqu'il y a connexité d'intérêt, n'enve-
loppe que la personne ou les personnes qui se sont trouvées
directement engagées dans l'action civile.

En 1838, le 1ᵉʳ juin, François-Joseph-Martial de Treil fit
rectifier son acte de naissance par le tribunal de Saint-Pons
(Hérault), qui restitua aux deux noms de Treil et de
Pardailhan leurs particules perdues. Le 1ᵉʳ juillet 1844
M. Armand de Treil, le colonel actuel de gendarmerie,
recourut à la justice pour faire mettre un *de* devant son nom,
et à sa suite la qualification *de Pardailhan* (²).

D'abord la désignation terrienne de Pardailhan était
illicite pour tous les membres de la famille Treil. L'usage

(¹) Guyot; *Répertoire de Jurisprudence*, t. III, p. 864, art. *Autorités*.

(²) Voir l'extrait de naissance reproduit ci-dessus, p. 17.

l'acceptait tout au plus pour les possesseurs. Le père de François-Joseph-Martial, d'Armand et d'Augustin-Frédéric de Treil ne l'ayant jamais été, comment ses fils ont-ils pu revendiquer un surnom domanial, adopté illégitimement par le rameau aîné qui tenait la seigneurie?

Les deux rectifications eurent lieu sous le gouvernement de juillet, dont la Charte maintint la noblesse et les distinctions honorifiques reconnues par le régime précédent. En 1832, on révisa le Code pénal, et l'article 259, punissant l'usurpation des titres, fut aboli. Le but politique était de les multiplier pour les avilir. La magistrature n'étant plus armée de sévérité légale, se montra forcément indulgente. Les demandes en addition et modification de noms assaillirent la justice, et l'on assista alors à un spectacle qui se continuait encore lorsque M. Delangle adressa, le 29 novembre 1859, à MM. les procureurs-généraux une circulaire dont j'extrais quelques lignes :

« Des juges surpris ont ordonné que tout ce bagage de
» contrebande figurerait à l'avenir dans l'acte de l'état-
» civil. Le Gouvernement n'entend pas que l'exécution
» de l'article 259 du Code pénal porte le trouble dans les
» familles; mais il ne veut pas davantage que des ruses
» de procédure en détruisent l'effet. »

La rectification de 1838, sollicitée par M. François-Joseph-Martial de Treil, ne put profiter à son frère, M. Armand, qui fut tenu de renouveler les mêmes formalités en 1844. Ces deux causes, qui de prime-abord semblaient liées, ne l'étaient pas; aussi le premier jugement n'a-t-il pas empêché la nécessité d'un second. Si ces affaires étaient indépendantes entre elles, la nôtre est radicalement différente, puisqu'il s'agit, non pas de faire des additions, mais des retranchements. La révision judiciaire de l'état-civil de MM. Treil ne peut, sous aucun rapport, contrarier la plainte de M. le comte Théodore-Jules de Pardaillan, *cujus principaliter interest;* il se trouve pourvu du droit subséquent d'opposition, comme tous les tiers qui n'ont pas été mêlés aux instances précédentes.

Du moment que nous demandons la suppression du surnom de Pardailhan partout où il se trouve, si le Tribunal donne satisfaction au plaignant, le corollaire de son jugement sera la rectification de tous les actes où MM. de Treil ont commis le délit, et, partant, de leur état-civil. En un mot, l'action principale englobant tous les griefs et toutes les conséquences réparatrices, je ne devrais pas me préoccuper de savoir si M. le comte Théodore-Jules de Pardaillan est recevable à faire retoucher les extraits de naissance ou autres. Néanmoins, comme les parties adverses pourraient, à défaut d'autres armes, saisir celle-ci, je veux leur épargner la peine d'en faire l'essai et vider complaisamment moi-même cette question.

M. le comte Jules de Pardaillan a le droit de demander la rectification de l'état-civil de MM. Treil, qui ont fait de son nom un appendice du leur. L'article 255 du Code de procédure ne limite pas l'action au nom que l'on porte : son esprit est plus large, parce que sa lettre est indéterminée. L'action est permise à « celui qui voudra faire » ordonner la rectification d'*un* acte de l'état-civil. » *Un* n'étant pas un pronom possessif, les étrangers auxquels les inscriptions erronées préjudicient, peuvent provoquer leur redressement. Le ministère public, qui n'est qu'un tiers représentant l'intérêt général, a d'office la faculté d'intervenir. On ne saurait dès lors la refuser à celui qui représente des intérêts personnels.

Les articles 99 du Code Napoléon, 855 et 858 du Code de procédure, sont la base organique de la demande en rectification de nom. Elle se justifie par une réduction, une adjonction ou une mutation quelconques, introduites irrégulièrement dans l'état-civil. Cette action, qui tend au rétablissement du titre primitif de la famille, procède d'un droit antérieur, non d'un fait actuel. Nous venons en conséquence solliciter de la justice la restauration du nom unique de Treil, sans accompagnement de celui de Pardailhan et du titre dont il est flanqué. En obtempérant à notre désir, le Tribunal n'aura point créé une situation nouvelle, mais ramené la forme normale ou patronymique en la délivrant de ses excroissances.

Notre opinion concorde avec celle de l'auteur du *Droit nobiliaire français* que nous consignons ici : « La personne » qui pourra avoir intérêt et par conséquent qualité à » déférer aux tribunaux la question de la propriété d'un » nom, ne sera pas seulement celle dont le nom aura été » altéré dans son acte de naissance, mais celle qui verra » son nom de famille indûment porté par un tiers, car il y » aura là un empiètement sur sa propriété (¹). »

La jurisprudence ne laisse aucun doute à cet égard ; un arrêt de la Cour de Bordeaux, du 4 juin 1862 (²), porte :

« Que le nom est une propriété, un des éléments consti- » tutifs de la personnalité civile, et le signe distinctif des » individus et des familles ; — Que le demandeur justifie » qu'il est membre de la famille à laquelle appartient le » nom de C...; — Que, par conséquent, et sans qu'il soit » besoin d'apprécier le mobile de son action, il est receva- » ble à poursuivre ceux qui portent ce nom sans en avoir » le droit, ou qui le portent autrement qu'ils n'ont le droit » de le porter. »

L'acte de naissance n'est pas toujours un infaillible

(¹) LEVESQUE, p. 327 et 328.

(²) DEVILLEN et GILBERT; *Table gén.*, vᵒ Noms, nᵒˢ 7, 8, 9, 24 et suiv.

criterium du nom, car il peut être quelquefois entaché d'inexactitude, de fraude et de mutilation. Le moyen d'atteindre sûrement la vérité est un examen des actes collectifs de la famille (**¹**), qui fournissent par comparaison le type précis et correct. Si MM. de Treil sont certains de leurs droits, ils ne doivent pas redouter une vérification semblable.

XVII

LE TRIBUNAL CIVIL EST COMPÉTENT POUR INTERDIRE ET RETIRER A MM. TREIL LES NOMS, TITRES ET ARMES DES PARDAILLAN.

La juridiction civile s'étend à toutes les questions de propriété. Elle a pouvoir de résoudre les difficultés de l'ordre de celle-ci, de constater l'état préexistant des noms dans les familles. « L'article 9 de la loi de germinal an XI, » dit Dalloz, laisse aux tribunaux le jugement dans les » formes ordinaires des questions d'État entraînant chan- » gement de nom.... Il a été jugé, en conséquence, que la » contestation entre particuliers touchant l'usurpation d'un » nom de famille est de la compétence des tribunaux, et » cette contestation est du ressort des tribunaux civils, non » de la juridiction criminelle (**²**). »

(**¹**) Les législateurs ont voulu, en se servant de cette expression générale, les *actes de l'État-civil,* qu'on puisât alors la preuve du droit et de la vérité dans l'ensemble des actes qui constitue la situation de la famille. (*Exposé des motifs de la loi du 28 mai* 1858.)

(**²**) Arrêt du 7 germ. an XII. — Cour de Paris, 3ᵉ chambre :

« Considérant, en point de droit, en premier lieu, que le nom patronymique est » une propriété de la famille qui le porte, laquelle, par conséquent, a le droit de » s'opposer à ce qu'aucun individu s'en empare sans un titre exprès et légal ; en » second lieu, que ce genre de propriété intéresse aussi l'ordre public, et que c'est » pour cela qu'aux termes de la loi du 11 germ. an XI, le Gouvernement a seul le

Cette compétence a été reconnue, même dans le passé. Tiraqueau signale plusieurs décisions *quibus quis declaratus est nobilis vel ignobilis.* La compétence des tribunaux civils est aujourd'hui plus incontestable que jamais, car le nom, d'après la législation nouvelle, constitue un cas spécial de propriété. L'article 9 de la loi du 11 germinal an XI le proclame formellement : « Il n'est rien innové, par la » présente loi, aux dispositions des lois existantes, relatives » aux questions d'État entraînant changement de noms, » qui continueront à se débattre devant les tribunaux » ordinaires. »

« Elle (la propriété du nom) entre donc, comme » toutes les autres, dans le domaine des tribunaux, » dit Merlin (¹).

Dans l'affaire de Mme la marquise de Tourzel, la Cour d'appel de Paris décida, le 18 février 1833, que les tribunaux étaient compétents *pour connaître du droit des particuliers à la propriété d'un nom,* et pour statuer sur le procès qui s'y rattache.

C'est dans ce sens que s'est prononcée la Cour impériale de Paris, dans un arrêt du 28 juin 1859 :

« Considérant que le nom est la propriété de celui ou de » ceux qui ont le droit de le porter ; qu'il a pour objet » essentiel de former et d'individualiser la famille (²) ; que

---

» pouvoir d'autoriser le changement de nom, sauf le droit des tiers ; en troisième » lieu, que, néanmoins, s'attribuer un nom pour s'agréger à une famille n'est pas » un délit public, mais seulement une infraction à la loi civile, dont les parties » intéressées ont droit de se plaindre. »

(¹) V° Duc ; 55.

(²) La propagation du nom est limitée au groupe de la famille où il se renaît sans cesse, et interdite à l'exploitation étrangère. L'interrogation de Levesque vient se placer ici bien à propos. Il s'agit de la communauté de race dans laquelle se ramifie le nom : « Elle n'a rien à perdre à la communication, dites-vous. Qu'en savez-vous ? » Peut-être l'honneur de ce nom, qui est son plus cher patrimoine !

» Il n'y a rien peut-être au monde qui se divise tant. Il se divise par branches,

» c'est d'après les principes du droit naturel et des gens
» que doit être régie toute contestation relative à la pos-
» session d'un nom et à l'usurpation qui en aurait été.
» faite (¹). »

Aux questions d'État dont parle la loi de germinal se
rattache également celle des titres « qui font partie du nom
» et se confondent avec lui. » En effet, les distinctions
honorifiques sont aujourd'hui inhérentes aux personnes et
non aux choses comme jadis; elles forment donc une
partie de la désignation individuelle. Jamais l'intimité du
rang et du fief dans le passé ne fut aussi étroite que celle
du titre et du nom dans le présent. Le domaine entraînait
dans ses vicissitudes le titre qui, maintenant, reste accolé
au nom et devient son complément indivisible. M. Guille-
mard s'associe à cette manière de voir : « Le titre, dit-il,
» s'unit et adhère au nom, comme le nom à la personne;
» il s'y attache, il s'y incorpore, et, de même qu'il en est
» la décoration, de même on peut dire qu'il en forme une
» dépendance légale. »

La juridiction ordinaire pourrait encore connaître la
cause pour d'autres considérants, tels que celui de la Cour
impériale d'Agen, arrêt du 28 décembre 1857.

« Attendu qu'aujourd'hui, comme autrefois, c'est une
» maxime de droit public français, qu'au Souverain seul
» appartient le pouvoir de conférer des titres de noblesse
» et d'autoriser les mutations et additions de noms; mais il
» n'est pas moins certain que lorsqu'on soutient avoir
» acquis le droit de porter un titre ou un nom, et que ce

» par têtes; il se divise par les enfants légitimes, il se divise par les bâtards. Il se
» multiplie, il se reproduit autant de fois qu'il naît quelqu'un dans la famille, sans
» que cette division ou multiplication en faveur de ceux qui naissent ôte rien et
» fasse rien perdre à ceux qui le portaient auparavant. »

(¹) S. 1862, 1, 25.

» titre est contesté, l'autorité judiciaire, en ce cas, est
» nécessairement compétente pour statuer, parce qu'il
» s'agit là d'une question de propriété qui, ainsi que toutes
» les autres, doit être jugée par les tribunaux ; qu'il n'y a
» pas en cela, de leur part, collation d'un titre ou d'un
» nom, mais simplement constatation d'un fait préexistant,
» proclamation d'un droit acquis avant la décision. »

Dans le procès Hibon de Frohen, où il s'agissait de
vérifier la nature du titre de duc de Brancas, la Cour de
Cassation n'hésita pas à retenir au profit des tribunaux la
solution de cette affaire, qui confinait au domaine du
Conseil du sceau : « Attendu qu'à l'autorité judiciaire seule
» il appartient de décider si, d'après les titres produits et
» la législation tant espagnole que française, les deman-
» deurs en cassation ont droit à la grandesse d'Espagne et
» au titre de duc de Brancas, et de prescrire, s'ils n'ont
» pas ce droit, les mesures nécessaires pour les empêcher
» de s'en prévaloir en France. »

La Cour de Colmar a très logiquement déduit, dans un
arrêt du 15 mai 1860, les motifs qui militent en faveur de
la compétence judiciaire : « Que lorsqu'un citoyen prétend
» avoir le droit de joindre un titre à son nom, et que ce
» droit lui est contesté, ce litige constitue un procès sur
» un véritable droit de propriété, qui, comme tous les
» droits de cette nature, est placé sous la sauvegarde des
» tribunaux et de leur compétence essentielle ; qu'en pareil
» cas, la déclaration qu'ils font que tel ou tel titre appar-
» tient, en effet, à tel citoyen n'est pas de leur part une
» collation de titre, mais simplement la constatation d'un
» fait préexistant, la proclamation d'un droit acquis avant
» la décision, le maintien, en un mot, d'un droit de pro-
» priété. »

M. Levesque fait observer, pages 330 et 331 de son

Droit nobiliaire français, « que le tiers qui attaque l'usur-
» pateur de son nom n'est pas tenu de s'enquérir des
» énonciations de l'acte de naissance de son adversaire. Le
» rôle et l'utilité du nom, c'est de désigner la personne
» dans la société, et c'est en tant que l'usurpateur
» se produit dans le monde sous la désignation qui
» m'appartient, qu'il lèse mon intérêt et envahit mon
» patrimoine. Je n'ai donc à me préoccuper d'autre chose,
» sinon de ce fait, qu'une personne étrangère à ma famille
» en porte indûment le nom, et je n'ai d'autre demande à
» former qu'une demande tendant à la répression de cet
» abus.

» Aussi bien, si je ne pouvais procéder que par voie de
» demande en rectification d'acte de l'état-civil, je me
» trouverais désarmé quand le nom usurpé ne figure pas
» dans l'acte de naissance de l'usurpateur, c'est à dire au
» cas précisément d'une appréhension toute arbitraire; en
» sorte que je serais d'autant plus impuissant à faire répri-
» mer la violation de ma propriété, qu'elle serait plus
» coupable.

» La demande formée par un tiers contre celui qu'il
» prétend porter indûment son nom est donc une action
» ordinaire, régie par les articles 48 et suivants du Code
» de procédure civile. Sans doute, si cette demande est
» accueillie, la conséquence sera la suppression des énon-
» ciations abusives qui pourraient figurer dans l'acte de
» naissance du défendeur; mais elle ne sera jamais obligée
» de suivre les errements tracés par la loi pour les demandes
» en rectification d'actes de l'état-civil. »

Ainsi, que le nom ait ou n'ait pas été enregistré sur
l'état-civil, le droit de poursuite reste entier. Dans l'espèce,
MM. de Treil, qui se disent *Pardailhan* tout court dans le
monde et partout, accouplent parfois les deux noms qui

hurlent d'être rivés ensemble, dans les manifestations officielles. Quand nous avons examiné plus haut la solidité du
nom et du titre, ainsi que le caractère de la possession, on
a vu que le mot Pardailhan, addition de fantaisie, était non
moins facile à faire tomber que le titre dont il est assorti.
La chute de l'un emportera celle de l'autre, car ce double
supplément est une cause de déplorable erreur.

Dans l'espèce que nous discutons, la compétence du
Tribunal correctionnel ne serait même pas contestable,
puisqu'elle aurait à se prononcer, non sur des questions
juridiques, mais de moralité publique, et à statuer sur des
actes de bonne ou de mauvaise foi qui rentrent dans ses attri-
butions. Les faits de MM. Augustin-Frédéric de Treil, Armand
de Treil, colonel de gendarmerie, Louis-Charles Arthur de
Treil et autres, se disant tantôt comtes ou barons de Pardailhan, tantôt de Pardailhan, relèvent de cette juridiction,
puisque ces manœuvres décèlent une convoitise honorifique.

C'est ce que décide l'arrêt du 27 mai 1864, qui porte
que, « si d'après le nouvel article 259 du Code pénal, les
» tribunaux correctionnels ont compétence pour statuer *hic*
» et *nunc* sur les délits d'usurpation de titres, ils sont
» chargés de punir tous ceux qui, sans droit, de mauvaise
» foi et par fraude, s'attribuent des distinctions honorifiques
» de cette nature ([1]). »

En juillet 1840, à l'occasion d'un fait semblable à ceux
qui ont amené cette instance, le sieur John Johnston est
renvoyé devant le Tribunal correctionnel sous la prévention
d'avoir pris un nom autre que celui mentionné dans son
acte de naissance. « Il oppose la chose jugée et la non
» applicabilité de la loi du 6 fructidor an II : — jugement
» qui déclare que cette loi est encore en vigueur ([2]). »

([1]) LEVESQUE ; *Droit nobiliaire français,* p. 466.
([2]) DALLOZ ; tome XXXII, nom, art. 1.

11

La Cour de Paris, chambre correctionnelle, rendit le 16 janvier 1862 un arrêt qui condamnait un mari pour avoir allongé son nom dè celui de sa femme, et isolé le D initial par une apostrophe (1).

Les juridictions civile et correctionnelle sont donc ouvertes à M. le comte Pierre-Joseph-Théodore-Jules de Pardaillan. Il lui appartient de faire son choix entre les deux pleinement compétentes, bien que la première soit la plus suivie.

La facilité avec laquelle on s'empare d'un nom ou du titre d'autrui offense surtout la justice, puisque les usurpateurs supposent qu'en cette matière, son arme est rouillée, et bonne tout au plus, comme les panoplies archéologiques, à frapper l'imagination. Les tribunaux ont ici une bonne occasion de prouver aux téméraires comme MM. de Treil que leur autorité est non moins réelle que spéciale.

Aujourd'hui, la répression est encore possible; elle ne le sera plus dans quelques années, puisque la possession d'état sera acquise au plus grand nombre de ceux dont les pères auront eu la précaution d'usurper avant 89. Alors, l'identité de la famille et des individus, jadis conservée par la tradition et l'incrédulité locales, s'éclipsera peu à peu, à l'aide des dépaysements ou des implantations dans les grandes villes, distantes du sol natal. Quand cette heure adviendra, la confusion des races et des hommes sera plus épaisse que jamais.

(1) LEVESQUE; *Du Droit nobiliaire français,* p. 472.

CONCLUSIONS.

D'après les faits et motifs ci-dessus énoncés ou déduits, nous estimons :

— 1. Que M. le comte Pierre-Joseph-Théodore-Jules de Pardaillan a pleine qualité pour poursuivre les usurpateurs des nom, armes et titres de sa famille, dont il est aujourd'hui le seul et unique survivant mâle.

— 2. Que les changements de noms, réprouvés par la morale et le droit, trahissent l'impiété filiale, troublent l'ordre public et domestique ; — que la désignation territoriale de Pardailhan, avec ou sans titre, est essentiellement séparable du nom patronymique de MM. de Treil ; en la supprimant, le tribunal remettrait en lumière leur identité obscurcie.

— 3. Que le nom de Pardaillan ou Pardailhan, sous ses diverses formes d'orthographe, conserve toujours sa constitution phonétique et appartient d'une manière exclusive à la maison représentée aujourd'hui par le plaignant ; aussi l'objection reposant sur la variation d'une lettre est-elle puérile et ridicule au superlatif.

— 4. Que l'argument, tiré du nom local de Pardailhan en Languedoc, n'atténue aucunement la métamorphose de MM. de Treil en Pardailhan. Ce dernier nom n'étant point

patronymique pour eux, la propriété du réclamant demeure
entière, inviolable, imprescriptible et incessible.

— 5. Que la terre de Pardailhan, dans la sénéchaussée
de Béziers, si elle était baronnie, ne pouvait communiquer
son titre à MM. de Treil, frappés d'incapacité par leur
roture.

— 6. Que la qualification de *comte de Pardailhan* ou
de Pardailhan tout court, prise par M. Augustin-Frédéric
de Treil dans les livres de publicité et sur les listes
électorales, n'a d'autre assiette qu'une vaniteuse et récente
audace ; — que le but de cette fraude nominale et honorifique est de répudier l'appellatif patronymique de Treil,
d'imiter l'état personnel du demandeur, et de s'identifier à
sa famille; or ce plagiat constitue un délit prévu par les
anciennes ordonnances, les lois des 11 germinal an xi et
du 28 mai 1858.

— 7. Que les qualifications de *baron* et de *comte de
Pardailhan,* ou bien simplement celle-ci : *de Pardailhan,*
portées par MM. Louis-Charles-Arthur, Augustin-Frédéric et
Armand de Treil, peuvent être revendiquées par le consultant comme apanage historique des diverses branches de
sa maison; — que la législation actuelle repousse les noms
terriens ; — que les titres actuels, au lieu d'être inhérents
à la chose comme jadis, s'attachent à la personne, c'est à
dire au nom. Les défendeurs, en n'employant que celui de
Pardailhan, flanqué ou non d'un titre, deviennent les faux
homonymes de M. le comte Pierre-Joseph-Théodore-Jules
de Pardaillan et semblent concentrer sur leur tête toutes
les distinctions de sa race ; — que MM. les curés, notaires
et maires n'étant pas des dispensateurs de titres et de noms,

ceux appréhendés par MM. de Treil ou surpris à la justice leur seront définitivement retirés par elle.

— 8. Que le port des armes de la maison de Pardaillan est interdit à MM. de Treil, qui, par cette parodie héraldique, tendent à compléter leur ressemblance extérieure avec le demandeur.

— 9. Que jamais une chose vicieuse dans son principe ne saurait être réputée légitime dans ses conséquences ; — que MM. de Treil ne peuvent invoquer une possession deux fois illégale et très insuffisante contre une propriété se rattachant à l'état des personnes et nécessairement imprescriptible.

— 10. Que la qualification de Pardailban, ajoutée à la suite du nom de Treil ou pratiquée isolément avec ou sans les titres, a été bizarre, éventuelle et variable ; — que cette inconsistance tourne contre MM. de Treil.

— 11. Que la qualité de seigneur d'un fief, avant la Révolution, étant l'équivalent de celle de propriétaire aujourd'hui, n'entraînait aucun privilége de caste et d'honneur, ni aucune incorporation du nom domanial au nom de famille ; — que la jurisprudence constante à cet égard a sévi contre plusieurs manœuvres analogues à celles qui ont déterminé ce procès.

— 12. Que l'ancienne et la nouvelle législation, c'est à dire l'ordonnance du 26 mars 1555, dite d'Amboise, celle de Blois, les lois du 6 fructidor an II, de germinal an XI, l'article 259 du Code pénal et la loi du 28 mai 1858 renversent d'un commun accord toutes les prétentions de MM. de Treil, qui, en se disant soit de Pardailhau, soit

barons ou comtes de ce nom, ont commis une usurpation
flagrante et publique, et par là mérité les rigueurs de
toutes les lois sus-indiquées.

— 13. Que les jugements rectificatifs de l'état-civil
rendus en faveur de MM. de Treil ne peuvent le moins du
monde contrarier la demande du plaignant, demeuré
étranger aux instances et aux décisions antérieures ; — que
la liberté de son action reste complète et absolue, en vertu
de cette vieille maxime, introduite dans l'article 1351 du
Code Napoléon : *Res inter alios judicata.*

— 14. Que la compétence du tribunal civil est irrécusable dans les questions de propriété, et notamment dans
celle des noms et des titres, surtout aujourd'hui que,
combinés indissolublement, ils forment ensemble la plénitude de la désignation individuelle ; — que d'ailleurs, dans
l'espèce, il s'agit, non pas d'une collation de titre, attribut
exclusif du souverain, mais de l'examen d'un fait préexistant, de l'empiètement et de la sauvegarde d'un droit
inaliénable ; — que le consultant est fondé à demander
la suppression des noms et titres usurpés (¹), à faire
interdire leur usage aux défendeurs, en un mot à poursuivre la réparation des atteintes successives et diverses
dont il a été l'objet de la part de MM. de Treil.

J. NOULENS,

Directeur de la *Revue d'Aquitaine.*

Condom (Gers), le 25 juillet 1867.

(¹) Dans les registres de l'état-civil, les annuaires, les livres d'adresses, ou sur
les listes électorales.

MAISON DE PARDAILLAN

GÉNÉALOGIE

DES DEUX BRANCHES SE RAPPORTANT AU MÉMOIRE QUI PRÉCÈDE

La race des Pardaillan est l'une des aînées de celles de Gascogne. Elle sort pour ainsi dire armée et titrée des entrailles de la féodalité naissante. Dès 1286, ses premiers sujets apparaissent au nombre des quatre hauts barons de notre duché, et leur puissance territoriale s'étend sur les trois fiefs dominants de Betbézé, Lauraët et Lagraulet [1]. A cette époque, le droit de Baron était assorti de droits régaliens. Ceux qui le possédaient avaient le privilége de dresser des fourches patibulaires, d'accorder gage de bataille, d'être les pairs des ducs, princes, et même des souverains étrangers qui avaient des terres en France, enfin de les juger et d'être jugés par eux. Ils étaient libres encore de tenir des cours ordinaires et plénières, des officiers domestiques, des échansons, des panetiers, des écuyers tranchants, des filles d'honneur, en un mot tout un personnel de roi. Plusieurs battaient monnaie et participaient à la législation et aux grandes affaires de l'État. « Le bers (baron) a

[1] *Histoire de Gascogne*, par l'abbé Monlezun, t. III, p. 8. — L'existence de la baronnie de Pardaillan, au XIIIᵉ siècle, est encore prouvée par cet article des coutumes du comté de Fezensac : « Item fuit ordinatum et concessum per nos » quod prædictus dominus prædicti castri de Bellovidere in dicto castro et in totâ » *baronid suâ de Pardeilhano*, merum et omnimodam juridictionem habeat et » exerceat et in uno loco baroniæ suæ, etc. »

» toute justice en sa terre, et le roi ne peut mettre ban en la
» terre au baron sans son assentement. » Ces grands vassaux
ont été regardés comme bien au-dessus de tous les ducs,
marquis et comtes de création monarchique, postérieure au
XVIᵉ siècle. Les plus humbles cadets de la race des premiers
barons ont toujours joui d'une grande notoriété dans l'ordre
social et d'un grand crédit dans leurs alliances.

C'est ce qui se produit pour les Pardaillan, c'est ce que
proclame Louis XIV dans les préliminaires des lettres d'érection
du duché-pairie d'Antin. Le grand roi y passe en revue les
ancêtres de Louis-Antoine de Pardaillan-Gondrin, marquis
d'Antin, lieutenant-général de ses armées, en le créant duc, de
la manière suivante :

« Il y a plus de six cents ans que la maison de Pardaillan
» tenait déjà un des premiers rangs entre les maisons les plus
» illustres de la Guyenne. Dès le onzième siècle, les seigneurs
» de Pardaillan étaient chanoines d'honneur du chapitre de
» Tarbes, et ils avaient des alliances avec la maison de Castillon
» de Médoc, l'une des plus puissantes de la Guyenne. Pons,
» premier du nom, seigneur de Pardaillan, en Armagnac, y
» possédait encore la seigneurie de la ville de Gondrin, avec
» les terres de Justian, de Carcarens et de Casenave. Hugues
» de Pardaillan, son petit-fils, fut fait évêque de Tarbes, l'an
» 1227, et élu archevêque d'Auch l'an 1244. Bernard, seigneur
» de Pardaillan et de Gondrin, fut l'un des seigneurs de
» Guyenne, qui suivirent le roi saint Louis à son premier
» voyage d'Afrique, l'an 1248. Dans cette expédition célèbre, il
» eut un combat particulier avec un Maure des plus distingués
» de l'armée des infidèles ; il lui coupa la tête, et pour conserver
» le souvenir de cette action glorieuse, il ajouta trois têtes de
» Maures à l'écu de ses armes ; sa postérité les porte encore
» aujourd'hui. Odet de Pardaillan, seigneur de Gondrin, son
» fils, fut celui des seigneurs que la noblesse députa en 1276

» pour établir des coutumes au pays de Fezensac, du
» consentement du comte d'Armagnac. Odet de Pardaillan,
» second du nom, épousa, l'an 1309, Marguerite de Biran,
» cousine d'Arman de Montlezun, comte souverain de Pardiac ;
» et en 1336, il donna, en qualité de seigneur, les coutumes
» de la ville de Gondrin. Bertrand de Pardaillan, seigneur de
» Gondrin, son fils, épousa, en 1390, la fille unique du vicomte
» de Castillon ; par ce mariage, tous les biens de cette puissante
» maison tombèrent dans celle de Pardaillan : ils les substituèrent
» à Pons, dit Poncet de Pardaillan, seigneur de Gondrin, qui
» fut marié en 1441 à Isabelle de Lomagne ; il se signala dans
» la guerre contre les Anglais, et, après avoir aidé le comte de
» Foix à reprendre sur eux la ville de Dax, il fut tué auprès de
» Bordeaux, l'an 1451. C'est ainsi qu'on en parle dans l'histoire
» des rois et des princes de notre maison. Jean de Pardaillan,
» premier du nom, suivit l'exemple de son père. Il combattit
» contre les Anglais, et, après la réduction de la Guyenne, il
» servit utilement le roi Louis XI dans les guerres contre le duc
» Charles de Bourgogne. Jean de Pardaillan, seigneur de
» Gondrin, second du nom, épousa la fille du baron de Basillac,
» dont il eut Arnaud de Pardaillan, seigneur de Gondrin, qui
» commanda deux mille Allemands et quatre mille Gascons, qui
» furent envoyés, en 1513, par le roi Louis XII, au secours de
» Jean d'Albret, roi de Navarre. Le roi François Ier lui donna
» aussi, l'an 1519, le commandement des troupes qu'il envoya
» au secours du roi de Danemarck contre le roi de Suède. De
» Jacquette d'Antin, sa femme, fille d'Arnaud, baron d'Antin,
» il eut Antoine de Pardaillan, seigneur de Gondrin, chevalier
» de l'ordre, sénéchal et gouverneur d'Albret. Il commença ses
» premières armes en Italie, sous Odet de Foix, vicomte de
» Lautrec, servit avec Thomas de Foix à la conquête du
» duché d'Urbin, et fut fait prisonnier à la bataille de Pavie,
» l'an 1524. Il commanda ensuite trente compagnies de gens

» de pied au siége de La Rochelle, et, lorsque la ville de
» Toulouse fut assiégée par les gens de la religion prétendue
» réformée, il la secourut et leur fit toujours la guerre en
» Guyenne. Le maréchal de Montluc ayant été dangereusement
» blessé au siége de Rabasteins, il choisit le seigneur de
» Gondrin pour chef de l'armée que lui-même devait commander
» dans le Béarn; la raison qu'il en donne dans ses Mémoires,
» c'est qu'il était le plus ancien capitaine et de meilleure maison
» qu'aucun autre. Il avait épousé, en 1521, Paule d'Espagne,
» fille et héritière d'Arnaud d'Espagne, seigneur de Montespan,
» de la maison de Comminge. Hector de Pardaillan, baron de
» Gondrin et seigneur de Montespan, leur fils, se rendit
» recommandable dans toutes les guerres de son temps; il
» servit avec une extrême fidélité les rois Henri II, François II,
» Charles IX, Henri III et Henri IV, notre aïeul, qui lui
» donnèrent divers commandements dans leurs armées; il
» signala toujours sa valeur et sa conduite; il fut fait conseiller
» au conseil privé et chevalier des ordres à la promotion de
» 1585, et mourut chargé d'ans et d'honneurs, l'an 1611. Il
» avait épousé, en 1561, l'héritière de la maison d'Antin, dont
» il eut Antoine-Arnaut de Pardaillan de Gondrin, marquis de
» Montespan, baron d'Antin, conseiller au conseil privé,
» chevalier des ordres, capitaine des gardes du corps du roi
» Henri IV, notre aïeul, et du roi Louis XIII, notre très honoré
» seigneur et père, son lieutenant-général en Guyenne, et
» gouverneur de Béarn et de Navarre. De son mariage avec
» Paule de Bellegarde, il eut plusieurs enfants, entre autres
» Hector-Roger de Pardaillan, baron de Gondrin, en faveur de
» qui le feu roi, notre très honoré seigneur et père, de glorieuse
» mémoire, érigea la baronnie d'Antin en marquisat. Son fils
» unique Louis-Henry de Pardaillan de Gondrin, marquis
» d'Antin et de Montespan, était père dudit seigneur marquis
» d'Antin, lequel commença sa première campagne en 1683,

» au siége de Courtray, subalterne dans notre régiment.
» En 1684, nous lui donnâmes le régiment d'infanterie de
» l'Isle-en-France. En 1688, il eut l'honneur de servir d'aide
» de camp au siége de Philisbourg, auprès de feu notre très
» cher et très aimé fils le Dauphin, étant alors un de ceux que
» nous avions choisis entre la noblesse de notre royaume pour
» l'accompagner, et notre dit fils le choisit par distinction pour
» nous porter la nouvelle de la prise de cette importante place.
» Il retourna aux siéges de Manheim et Frankenthal; il continua
» ses services à la tête du régiment d'infanterie de Languedoc
» que nous lui donnâmes en 1689. Il fut envoyé en Italie, en
» 1691, à l'expédition de la Valdaost et au siége de Montmélian,
» et étant parvenu par son mérite, il a continué ses services
» avec tant de soin et d'application, tant en Flandres qu'en
» Allemagne, et dans les commandements particuliers qu'il a
» eus entre Sambre-et-Meuse et dans les montagnes de la
» Forêt-Noire, qu'il s'est rendu digne de notre estime, et nous
» lui avions donné la charge de lieutenant général de la haute
» et basse Alsace. En 1707, nous l'avons fait gouverneur d'Or-
» léans et de l'Orléanais, et des provinces qui en dépendent;
» et depuis que nous l'avons attaché de plus près à notre
» personne par la charge de directeur général de nos bâtiments
» et maisons royales, nous avons reconnu de plus en plus que
» son mérite, sa capacité et sa vertu répondaient à la grandeur
» de sa naissance. »

Nous sommes en présence d'une généalogie qui exigerait
des volumes si nous voulions utiliser les compactes matériaux
qui se trouvent dans les Archives d'Auch, Mont-de-Marsan,
Tarbes, Pau, Toulouse, Montauban, et les éléments inédits du
cabinet des titres et du fonds de l'Empire, à Paris. Quand la
vieille et forte race des Pardaillan agit, la Gascogne est en
mouvement; l'histoire de la famille et de la province semblent
et sont inséparablement unies. Il nous faut pourtant les isoler

et abandonner le bagage historique, qui pourrait gêner le rapide défilé de la descendance. Notre unique but est de montrer l'ordonnance et l'enchaînement des générations, en levant sur elles le flambeau de la vérité. Nous n'aurons donc aucun souci de faire resplendir les figures de leur éclat passé, de leur remettre en main des palmes glorieuses; nous passerons rapidement et presque muettement sur le théâtre de leurs hauts faits. Après le récit de l'historiographe Louis XIV, nous pouvons sans regret laisser passer en paix la grandeur militaire de la maison de Pardaillan, pour nous enfermer à son foyer et compter les degrés qui s'y sont succédé. Notre tâche, avant tout, est de simplifier celle de la justice, d'aplanir sa voie en abaissant les obstacles, de supprimer les indications de sources difficiles. Aussi aurons-nous soin d'éviter les renvois aux collections manuscrites, aux livres rares, etc. Si ces grands moyens eussent été nécessaires pour augmenter la lumière de l'authenticité, nous n'aurions pas balancé à y recourir. Mais quelques documents officiels et des ouvrages qui ont toujours fait autorité en justice, comme le P. Anselme, Moreri, etc., suffiront pour édifier la religion du Tribunal sur l'identité et sur la qualité de M. Pierre-Joseph-Théodore-Jules de Pardaillan. Son échelle ascendante jusqu'en 1230 est d'un redressement fort aisé. Avec quelques auteurs, que la première bibliothèque venue peut nous fournir, nous descendons jusqu'au trisaïeul du consultant; ensuite, à l'aide d'actes publics, nous parvenons en ligne droite et évidente jusqu'à lui inclusivement. Cette déclaration faite, évoquons, sans plus de retard, les membres de la race des Pardaillan, qui nous sont essentiels, en précisant la provenance de chacun d'eux (1).

---

(1) Nous accompagnons cette notice écrite et prouvée d'un arbre filiatif des deux branches susdites. On verra d'un coup d'œil comment le rameau du Granchet, Las, Saint-Orens et Pimbat, se raccorde à la branche de Caumort, sortie elle-même de celle de Gondrin.

FILIATION.

BRANCHE DUCALE D'ANTIN, QUI EST L'AÎNÉE.

I

BERNARD DE PARDAILLAN ET DE GONDRIN fit partie de la septième croisade ([1]), et débarqua, avec saint Louis, devant Tunis ([2]). Plus heureux que ce roi pieux, il échappa à la peste et put revenir en France. Aussi, le retrouvons-nous à l'assemblée des seigneurs de Fezénzac, convoqués à Justian en 1274, *alias* 1286.

II

ODET Ier DE PARDAILLAN ([3]) fut un des promoteurs de la coutume du Fezensac, à la rédaction de laquelle il participa en qualité de mandataire des barons et seigneurs du comté, en

---

([1]) L'an 1270. — Galerie de Versailles. — Lett.-pat. d'érect. du duché d'Antin. — LA CHESNAYE DES BOIS; *Dict. de la Noblesse,* t. X, Art. de Pardaillan. — *Manuel du blason,* Encycl. Roret, p. 259.

([2]) Il avait déjà fait partie de la première expédition de Louis IX contre la côte africaine, en 1248. Ce fut alors qu'il livra ce fameux combat singulier dans lequel il eut la gloire d'occire un infidèle : c'est en commémoration de ce fait héroïque qu'il fut autorisé, par son souverain-maître, à sommer ses armes de trois têtes de Maures. (Lettres-patentes d'érection du duché-pairie d'Antin. — *Histoire et philosophie mêlées,* par M. Denis de Thezan ; *Revue d'Aquitaine,* t. VIII, p. 538, etc.)

([3]) P. ANSELME; *Généalogie de Pardaillan,* t. V. — *Hist. de Gascogne,* par l'abbé Monlezun, t. III, p. 6 et 7.

1285. Le texte des statuts le désigne comme ayant pouvoir de sanction : « Item nos comes prædictus de consensu et assensu » expresso nobilium virorum domini Bartholomæi de Caillaveto, » militis, et ODONIS DE PARDEILLANO, domicelli, procuratorum » universitatis baronum, militum, domicellorum et aliorum » nobilium nostri comitatus Fezensiaci, etc. ([1]). »

CLAIRE DE LISLE, femme d'Odet de Pardaillan, lui laissa une postérité nombreuse, rapportée dans le P. Anselme, les Mss. des Archives départementales des Hautes-Pyrénées et ailleurs ; la voici :

1. — ODET II du nom, seigneur de Pardaillan et de Gondrin, qui personnifiera le prochain degré ;

2. — PONS DE PARDAILLAN ;

3. — BERNARD DE PARDAILLAN, seigneur de Mons, qu'il acquit au prix de 475 livres, en 1324 ;

4. — BERTRAND DE PARDAILLAN, seigneur de Beauregard ;

5. — JEAN DE PARDAILLAN ;

6. — MABILLE DE PARDAILLAN, qui s'unit à PIERRE, SEIGNEUR DE PUJOLS, fonda une chapellenie dans l'église de La Roumieu et la dota de la terre de Mons, que lui avait léguée son frère Bernard ;

7. — Autre JEAN DE PARDAILLAN ([2]).

([1]) Et plus loin : « Concedimus et donamus dominis Bernardo de Polastrono, » Bartholomæo de Caillaveto, Gaillardo de Besola, militibus, Odoni de Pardeilhano, » domicello, procuratoribus totius curiæ Fezensiaci, etc. » (Priviléges du comté de Fezensac, Hist. de Gascogne, par l'abbé Monlezun, t. VI, p. 15.)

([2]) Les sept personnages ci-dessus figurent dans le P. Anselme.

III

ODET II DE PARDAILLAN, l'aîné des sept enfants ci-dessus, eut les seigneuries de La Mothe et de Gondrin ([1]). Il octroya des coutumes aux habitants du dernier lieu, en 1336 ([2]), et contracta, en 1309, alliance avec MARGUERITE DE BIRAN ([3]). D'eux provint :

IV

HUGUES DE PARDAILLAN, seigneur de Gondrin et de La Mothe (1340), marié à BRUNE DE MONTAUT ([4]), qui lui donna :

1. — ODET III DE PARDAILLAN, vaillant guerrier. Il épousa ESCLARMONDE DE BENQUE; sa filiation finira à la génération suivante, dans la personne de son unique héritier, *Odet IV* ([5]),

([1]) P. ANSELME; *Hist. des Grands-Officiers de la Couronne*, t. V, généalogie de Pardaillan.

([2]) Le généalogiste que je viens de nommer et les lettres d'érection du duché d'Antin assignent à cette concession des franchises l'année 1336. L'abbé Monlezun, *Hist. de Gascogne*, t. III, p. 480, la reporte de vingt ans en arrière et la fixe à 1316. Si ces auteurs varient quant à la date, ils concordent pour l'identité de Pardaillan, dispensateur des règlements. La divergence chronologique nous est donc indifférente.

([3]) Cousine de Galienne d'Armagnac de Biran, épouse du comte de Pardiac.

([4]) P. ANSELME; *Hist. des Grands-Officiers de la Couronne*, t. V, généalogie de Pardaillan. — LA CHESNAYE DES BOIS; *Dict. de la Noblesse*, t. XI. Art. de Pardaillan.

([5]) ODET IV, fut marié à JEANNE D'AUXION. Les montres d'armes de la collection Gaignères le mentionnent comme ayant fourni, le 10 décembre 1349, quittance à Jean Chauvel, trésorier des guerres, pour la somme de 140 livres, solde de ses gages ou de ceux des écuyers et sergents de pied qui formaient sa suite.

et sera reprise par le fils de celui que nous inscrivons immédiatement;

2. — HUGUES DE PARDAILLAN (¹), dont le fils poursuivra la descendance de sa race.

V

HUGUES DE PARDAILLAN eut, de PAULE DE MONTPEZAT (²), le ci-après nommé :

VI

ODET DE PARDAILLAN, cinquième du nom (³). C'est à lui qu'incomba la succession territoriale de son cousin germain, Odet IV, qui ne laissa pas de rejeton direct pour perpétuer la ligne aînée.

AGNÈS DE CASTILLON, née de Fouques, vicomte de Castillon, et d'Esclarmonde de Langoirans, ayant laissé de bonne heure dans le veuvage Odet V de Pardaillan, celui-ci convola en secondes noces, l'an 1389, avec ANNE DE GALARD (⁴). Ce second lit le rendit père de :

1. — BERTRAND DE PARDAILLAN, seigneur de Pardaillan, que nous allons ramener;

(¹) P. ANSELME, t. V, Généalogie de Pardaillan.

(²) *Idem.*

(³) *Ibidem.*

(⁴) Fille du seigneur de Galard, premier baron du Condomois.

2. — JEANNE DE PARDAILLAN, femme de JEAN DE VERDUZAN;

3. — Autre JEANNE, rappelée, le 25 novembre 1401, dans le testament de son père, à propos d'un legs de cinq cents livres.

VII

BERTRAND DE PARDAILLAN, seigneur de La Mothe et de Gondrin, reçut le serment des consuls de la dernière ville, le 25 mai 1458. Son alliance avec BOURGUINE DE CASTILLON [1] concentra dans ses mains des fiefs considérables. Les parents de sa femme lui imposèrent l'adoption de leur nom et armes [2]; voilà pourquoi le blason des Castillon fut, depuis cette époque, écartelé avec celui des Pardaillan [3].

Bourguine fut mère de :

1. — PONS, DIT PONCET DE PARDAILLAN, seigneur de Castillon, qui représentera le degré suivant [4];

2. — PONS DE PARDAILLAN, seigneur de La Mothe, Gondrin, premier sujet de la branche de ce nom. Parmi ses descendants, on trouve *Blaise de Pardaillan* [5], lieutenant-général et gouverneur du Dauphiné, en l'absence du duc de Guise,

---

[1] P. ANSELME *(ut suprà)*.

[2] En ce temps, c'était un usage qui, devenu abus, amena l'édit de 1555.

[3] P. ANSELME *(ut suprà)*.

[4] P. ANSELME, t. V, généalogie de Pardaillan. — LA CHESNAYE DES BOIS; *Dict. de la Noblesse*, t. XI, Art. de Pardaillan.

[5] Sa fille épousa Jean de Foix-Candale, baron de Douzit, le 11 avril 1545. *(Mss. Larcher, Archives départementales des Hautes-Pyrénées.)*

18 octobre 1559. Il figure avec son fils *Bernard* en plusieurs passages des *Commentaires* de Montluc (¹);

3. — AMANIEU DE PARDAILLAN, seigneur de Caumort, duquel sortira la branche de Caumort, qui se ramifiera en Durfort, Bonas, Séailles, Granchet, Lacouture, Las (²), enfin Pimbat et Gignan. Les seigneurs des cinq derniers lieux sont les devanciers du consultant.

VIII

PONS OU PONCET DE PARDAILLAN, seigneur de Gondrin, de Justian et de Goutz, fut apanagé par son aïeul maternel de la vicomté de Castillon (³). Comme il avait les quartiers requis de noblesse pour prendre la qualité d'une terre, il releva le titre éteint de la famille de sa mère. Transplanté dans le Médoc, rude fut la guerre qu'il fit aux Anglais (⁴). Après leur avoir tué beaucoup de gens, en plusieurs rencontres, il fut, à son tour, tué par eux (1451).

L'importance de ce personnage ressort de son union, en 1441, avec ISABEAU DE LOMAGNE, qui avait pour auteurs

---

(¹) Tome Iᵉʳ, p. 404, 411, 419 ; — t. IV, p. 77 et 136.

(²) LA CHESNAYE DES BOIS, t. XI, p. 185. — P. ANSELME, t. V. Généalogie de Pardaillan.

(³) Lettres-patentes d'érection du duché-pairie d'Antin. — P. ANSELME, t. V, Généalogie de Pardaillan.

(⁴) Quand Charles VII eut délivré la Normandie par la prise de Falaise et de Cherbourg, il achemina vers le sud-ouest son infaillible artillerie, conduite par Jean Bureau, ainsi que sa milice nationale de francs-archers. Toutes les places cédaient et s'ouvraient. Blaye suivit leur exemple. Le Roi comptait parmi ses meilleures troupes les secours amenés par Armagnac, Albret et Foix. Sous les ordres de ce dernier chef combattait Pons de Pardaillan. Bordeaux s'obstina quelque temps avant de se rendre, et c'est dans les escarmouches du siége, en 1451, que le seigneur de Gondrin et de Justian trouva une mort digne de sa vie.

Géraud de Lomagne, seigneur de Fimarcon, et Cécile de Périlles. Celle-ci était elle-même fille de Ramond Périlles, vicomte de Rode, en Catalogne. D'Isabeau de Lomagne et de Pons de Pardaillan dérivèrent : ·

1. — JEAN I DE PARDAILLAN, seigneur de Gondrin (¹);

2. — MARIE DE PARDAILLAN, qui fut conjointe à AMANIEU DE LASSÉRAN-MASSENCOME, seigneur de Montluc (²).

IX

JEAN I DE PARDAILLAN succéda, jeune encore, à son père dans les seigneuries de Gondrin, Justian, Bruch, Euse et la vicomté de Castillon. Il soutint contre Jean de Foix-Candale un long litige qui se dénoua par sentence arbitrale du 10 décembre 1471. Plusieurs vassaux lui rendirent hommage (1477), à l'heure de son départ pour une campagne des Flandres, qui devait, grâce à la politique de Louis XI, achever, presque sans coup férir, la destruction de l'ingrate maison de Bourgogne.

MARIE DE RIVIÈRE (³), fille du vicomte de Labatut, et femme du susdit Jean de Pardaillan, lui donna deux fils (⁴) :

1. — JEAN DE PARDAILLAN, seigneur de Gondrin, privé d'hoirs mâles ;

(¹) P. ANSELME, t. V, Généalogie de Pardaillan. — LA CHESNAYE DES BOIS, t. XI, Art. de Pardaillan.

(²) Le mari était fils de Pierre de Lasséran de Massencome et d'Isabeau de Gontaut-Biron.

(³) Ayant perdu celle-ci, il la remplaça par MARIE D'ASPREMONT, fille du vicomte d'Orthez, de laquelle vint JEAN DE PARDAILLAN, seigneur de Roques, qui succomba prématurément.

(⁴) P. ANSELME, t. V, p. 178. — MORERI.

2. — ARNAUT DE PARDAILLAN, baron de Gondrin, continuateur du lignage (¹).

X

ARNAUT DE PARDAILLAN, baron de Gondrin, seigneur de Bruch, Justian, Roques et Goutz, fut un des officiers les plus distingués sous le règne de Louis XII et de François Iᵉʳ. L'un de ces Souverains lui confia, en 1514, le commandement de six mille hommes envoyés au secours de Jean d'Albret, roi de Navarre, alors en guerre avec l'Espagne. L'autre le mit à la tête des troupes destinées à opérer contre la Suède, pour le compte du Danemark, allié de la France. Ce fait est, en ces termes, rapporté par Scipion Dupleix : « En ce mesme temps, » François envoia deux mille hommes de pied au secours du » roi de Danemark, contre le roy de Suède, soubz la charge de » Gaston de Brézé, prince de Fourquamont, le baron de Gon- » drin, et autres capitaines qui firent si bon devoir que le » Danois gagna une bataille sur son ennemi (²). »

Arnaud de Pardaillan s'était marié à JACQUETTE D'ANTIN, fille d'Arnaud d'Antin, baron de ce lieu, en Bigorre, et de Catherine de Foix. Les enfants issus d'eux furent :

1. — ANTOINE DE PARDAILLAN, baron de Gondrin, que nous allons reprendre quelques lignes plus bas ;

2. — GUI DE PARDAILLAN, seigneur de Viela, fief dont fut dotée FRANÇOISE DE VIELA, sa première femme, qu'il prit par contrat du 21 août 1533. Son second mariage avec MADELEINE DE POUY, dame de Saint-Géry, est du 2 novembre 1562 (³) ;

(¹) MORERI. — P. ANSELME, t. V, p. 178.

(²) SCIPION DUPLEIX ; *Hist. de France,* t. III, p. 302.

(³) P. ANSELME, t. V, p. 178.

3. — BERTRAND DE PARDAILLAN, protonotaire apostolique
(1547) (¹);

4. — ARNAUD DE PARDAILLAN, seigneur de Gondrin, décédé
jeune;

5. — MARGUERITE DE PARDAILLAN (²), qui épousa CORBON DE
LUPÉ, seigneur d'Arblade.

XI

ANTOINE DE PARDAILLAN, baron de Gondrin et de Montespan, partagea la captivité de François Iᵉʳ, après la défaite de
Pavie (1524), devint lieutenant de la compagnie d'hommes
d'armes d'Antoine de Bourbon, et plus tard sénéchal d'Albret.
Durant son séjour à la cour de Navarre, Antoine de Pardaillan
osa blâmer la reine Jeanne de ses rigueurs envers les catholi-
ques. A la suite de cette critique un peu vive, la Souveraine
compara sa couronne à celle de la France, et déclara, à propos
de Charles IX, qu'elle *estoit aussi bien reine que luy roy.* Le
baron de Gondrin, trouvant ce rapprochement exagéré, lui
répartit avec une brusquerie tout à fait guerrière, en langue
gasconne : « Votre royaume est si petit qu'il pourrait être
» facilement franchi au *pé pigassot.* » Ce qui veut dire : *Sauté
à cloche-pied.* Cette réplique, pour me servir d'une expression
de Scipion Dupleix, *plaqua* la mère d'Henri IV *en une extrême
colère* (³).

(¹) *Gallia christiana,* col. 1068, t. Iᵉʳ.

(²) Elle reçut pour ses droits légitimaires 4,000 livres, dont 1,200 furent
rendues, par son testament, à l'aîné de ses frères.

(³) *Histoire de France,* par Scipion Dupleix, t. III, p. 668. — *Eloge de Biron,*
par Duvigneau.

Antoine de Pardaillan repassa les Alpes sous Odet de Foix, vicomte de Lautrec, se signala au siége de Naples, en 1528, et participa à la conquête du duché d'Urbin. Montluc le glorifie à chaque page de ses *Commentaires* (¹), pour la bravoure qu'il déploya contre les réformés dans les guerres de religion. Au siége de Rabastens, quand le généralissime catholique eut le visage balafré d'un coup d'arquebusade, il déposa son commandement dans les mains d'Antoine de Pardaillan. Le vieux maréchal, selon son aveu, lui accorda cet honneur *comme le plus ancien capitaine et de la meilleure maison.*

PAULE D'ESPAGNE, dame de Montespan (²), lui donna ce seul rejeton mâle :

HECTOR DE PARDAILLAN GONDRIN, et six filles (³).

XII

HECTOR DE PARDAILLAN, seigneur de Montespan et de Gondrin, conseiller d'État, en récompense des services rendus par lui à Henri II, Charles IX, Henri III, Henri IV et Louis XIII, reçut le collier de Saint-Michel, et plus tard celui du Saint-Esprit (décembre 1585). La libéralité du roi le gratifia, en

---

(¹) T. III, p. 25, 60, 63, 70, 86, 95, 286, 292, 354, 358, 365; t. IV, p. 16, 19, 45, 51, 64, 119, 135, 190, 192, 194, 203, 225, 258. — (Édit. de 1760, 4 vol. in-18.)

(²) Fille d'Arnaud d'Espagne, seigneur de Montespan, et de Madeleine d'Aure. Elle était veuve de Pierre de Coaraze, seigneur de Bérat.

(³) L'aînée, ANNE, mariée le 8 février 1557, à JEAN DE FAUDOAS, baron d'Avensac; la seconde, MARGUERITE, le fut, en 1544, à MICHEL DE NARBONNE, vicomte de Saint-Girons ; la troisième, FRANÇOISE, choisit pour époux CARBON DU LAU; la quatrième et la cinquième, ANTOINETTE et JACQUETTE, entrèrent en religion, l'une au couvent de Vopillon, l'autre à celui du Paravis ; enfin, la sixième resta dans le célibat. (*Archives départementales des Hautes-Pyrénées; Mss. Larcher, lettre M, folio 337* ; — *Histoire généalogique de Prosper de Rodez, t. IV, p. 233.*)

1607, d'un don de 18,500 livres ([1]). Ce fut lui qui, dans le combat de Montcrabeau, fit mordre la poussière aux trois fils du marquis de Tran, les comtes de Gurson et de Fleix, et qui dirigea, en 1592, l'artillerie du siége de Villemur ([2]).

De son union avec JEANNE, DAME D'ANTIN ([3]), sortirent :

1. — ANTOINE-ARNAUD DE PARDAILLAN-GONDRIN, qui suit;

2. — N. DE PARDAILLAN, seigneur de Maignaut;

3. — PAULE DE PARDAILLAN, première femme de LOUIS DE VOISINS, marquis d'Ambres, vicomte de Lautrec.

XIII

ANTOINE-ARNAUD DE PARDAILLAN, seigneur de Gondrin, marquis d'Antin et de Montespan, fut pourvu des offices les

---

([1]) Il avait inauguré la carrière des armes par une action d'éclat contre les huguenots, aux environs de Montauban. Nous trouvons la trace de son sang sur tous les champs de bataille. Il contribua au siége et à la reddition de la Fère en 1596, renforça la place de Montreuil, débanda les troupes espagnoles du marquis de Varambon, gouverneur d'Artois, opéra sa jonction avec Henri IV sous les murs d'Amiens, où il fut embelli, pour imiter le langage de Montluc, d'une blessure à la tête. La supériorité de ses talents militaires lui valut le commandement de l'armée de Savoie, dans lequel il succédait à Sa Majesté.

([2]) *Histoire ancienne et moderne du département de Lot-et-Garonne*, par Boudon de Saint-Amans. — *Histoire du Condomois, de l'Agenais et du Bazadais*, par Samazeuilh, t. II, p. 290 et 291. — *Histoire de France*, par Scipion Dupleix, t. IV, p. 210. — De Thou, D'Aubigné, Berger de Xivrey ont aussi raconté ce combat. Les *Mémoires d'Ambres*, que d'Aubais a édités en ses *Pièces fugitives*, t. III, désignent le même Hector de Pardaillan comme ayant, dans les guerres de la Ligue, dirigé l'artillerie au siége de Villemur (1592). Montluc, qui a témoigné tant d'estime à Antoine de Pardaillan, loue également sans réserve l'intrépidité et les talents d'Hector, son fils, en ses *Commentaires*, t. III, p. 255, et t. IV, 113, 119, 191, 192, 196.

([3]) *Archives du département des Hautes-Pyrénées, Mss. Larcher, lettre C, folio* 149. — Jeanne d'Antin était fille et héritière d'Arnaud d'Antin, sénéchal de Bigorre, et d'Anne d'Andouins.

plus élevés. Il exerça ceux de gouverneur de Navarre, de sénéchal d'Agenais et de Condomois, de lieutenant-général en
Guienne. Scipion Dupleix, frère aîné de l'historiographe et son
homonyme quant au prénom, lui fit hommage de ses *Lois militaires sur le duel*. Dans l'épître dédicatoire qui se trouve en
tête de cet ouvrage, on lit un anagramme des noms de

.ANTOINE-ARNAUD DE PARDAILLAN

dont les lettres mobilisées et combinées donnent :

LION ARDENT NÉ DE PÈRE VAILLANT.

Ce fut en sa faveur que les terres de Montespan ([1]) furent
élevées au rang de marquisat, en 1612. Le Roi, par arrêt du
Conseil de l'an 1623, lui accorda le droit de préséance sur le
premier président de Navarre, honneur exceptionnel qui n'avait
pas existé avant lui et qui ne fut pas maintenu après. Son corps
fut inhumé à Gondrin, dans la chapelle des Capucins.

Sa deuxième femme avait été (21 décembre 1620) PAULE DE
SAINT-LARY DE BELLEGARDE ([2]), sœur de Saint-Lary, duc
de Bellegarde, pair et grand écuyer de France ([3]). Elle lui donna
une nombreuse progéniture :

1. — HECTOR DE PARDAILLAN, mort en bas-âge ;

([1]) Celles d'Antin le furent en 1615 sur la tête de son fils Hector. *(Insinuations;
Arch. de l'ancien Parlement de Toulouse.)*

([2]) Archives du Parlement de Toulouse, rég. des Insinuations. — Des deux
femmes d'Antoine-Arnaud de Pardaillan, la première, MARIE DU MAINE, qu'il
avait épousée le 20 mars 1578, ne lui laissa que ces deux filles :

    I. ANNE DE PARDAILLAN, dame d'Escandillac, qui, le 3 janvier 1611,
        fut fiancée à HENRI D'ALBRET, sire de Pons, baron de Miossens, comte
        de Marennes ;

    II. JEANNE DE PARDAILLAN, mariée à HENRI-GASTON DE FOIX, comte
        de Rabat et de Massas, dont la mère était une Durfort-Duras,
        (P. ANSELME ; *Hist. des Gr.-Officiers de la Couronne*, t. III, p. 364.)

([3]) P. ANSELME ; *Histoire des Grands Officiers de la Couronne*, t. IV, p. 307.

2. — ANTOINE-ARNAUD DE PARDAILLAN, marquis de Montespan, mestre de camp du régiment de Bourgogne, qu'il conduisit au siége de Montpellier et à celui de La Rochelle. On le trouve lieutenant-général en 1624, ès sénéchaussées d'Armagnac, Bigorre et Gaure. Sa femme et cousine, ANNE-MARIE DE SAINT-LARY (¹), fut stérile;

3. — ROGER-HECTOR DE PARDAILLAN, marquis d'Antin, qui reparaîtra au degré suivant;

4. — CÉSAR-AUGUSTE DE PARDAILLAN, fondateur de la branche marquisale de Termes, dont l'économie de ce travail nous interdit de nous occuper.

César-Auguste de Pardaillan, en dehors de deux enfants mâles, nés de son mariage avec FRANÇOISE DU FAUR DE PIBRAC DE TARABEL, eut quatre bâtards, dont la descendance survécut à celle des hoirs légitimes (²) :

5. — HENRI DE PARDAILLAN, mort-né;

6. — JEAN-LOUIS DE PARDAILLAN (³), marquis de Savignac, marié à dame ANGÉLIQUE DE LAMBES;

7. — LOUIS-HENRI DE PARDAILLAN, qui s'assit d'abord sur le siége archiépiscopal d'Héraclée, d'où il passa à celui de Sens (⁴);

8. — ANNE-PAUL DE PARDAILLAN, décédé jeune.

A cette liste de huit garçons, il faudrait ajouter cinq filles, dont l'une devint marquise d'Aubeterre, en donnant sa main, le

---

(¹) Elle était fille de César-Auguste de Saint-Lary, baron de Termes, et de Catherine Chabot-Mirebeau.

(²) P. ANSELME, t. V, p. 184.

(³) Arch. du Parlement de Toulouse, reg. des Insinuations.

(⁴) *Gallia christiana*, t. 1ᵉʳ, p. 658.

26 octobre 1645, à Pierre-Bouchard d'Esparbès de Lussan, marquis d'Aubeterre, fils du maréchal de France de ce nom. L'autre fut baronne de Roquefort. Leurs sœurs Anne, Corisandre et Angélique de Pardaillan se confinèrent dans la vie claustrale.

XIV

ROGER-HECTOR DE PARDAILLAN-GONDRIN, marquis d'Antin, comte de Miélan, fut attaché à Mme la duchesse d'Orléans en qualité de chevalier d'honneur. Il fut plus tard investi du poste de conseiller d'État (14 janvier 1656), et plus tard (1658-1664), du gouvernement de Bigorre (1). Son dévouement à la cause royale et son grand rôle dans les guerres intérieures et extérieures lui avaient mérité sa nomination dans l'ordre du Saint-Esprit, dont il reçut le brevet en 1651. Étant mort peu de temps après, il fut l'objet d'une promotion posthume. Son mariage avec MARIE-CHRISTINE ZAMET (2) porte la date du 11 juin 1635. C'est elle qui introduisit dans la maison de Pardaillan des droits sur le duché-pairie d'Épernon. Leur postérité se composa de :

1. — LOUIS-HENRI DE PARDAILLAN, marquis de Montespan, qui représentera le prochain degré.

2. — HENRI DE PARDAILLAN-GONDRIN, marquis d'Antin, qui répudia la profession ecclésiastique et fut une des victimes du tragique duel engagé entre les deux La Frette, Saint-Aignan, Argenlieu, d'une part, et Chalais, Noirmoustier, d'Antin et Flamarens, de l'autre, 1633 (3);

(1) *Hist. de Bigorre,* par Larcher; Mss., t. Ier, *Arch. du Gers.*

(2) P. ANSELME, t. V, p. 181.

(3) *Idem.*

3. — JUST DE PARDAILLAN, comte de Miélan, qui périt de bonne heure dans les camps;

4. — N. DE PARDAILLAN, dit le chevalier de Gondrin, emporté par un coup de feu au siége de Mardick.

XV

LOUIS-HENRI DE PARDAILLAN-GONDRIN, marquis de Montespan, trop connu par ses infortunes conjugales. Cette simple énonciation fait deviner le nom de sa femme, FRAN-ÇOISE-ATHENAIS DE ROCHECHOUART, dont l'histoire a trop parlé pour que notre plume ait rien à dire. Son mariage est du 28 mai 1663. Elle avait eu de son mari, avant d'exercer sa despotique influence sur Louis XIV, les deux enfants qui suivent :

1. — LOUIS-ANTOINE DE PARDAILLAN-GONDRIN, premier duc d'Antin, pair de France (¹);

2. — N. DE PARDAILLAN, mort enfant.

XVI

LOUIS-ANTOINE DE PARDAILLAN-GONDRIN, premier duc d'Antin, pair de France et possesseur des duchés d'Épernon et de Bellegarde, marquis de Montespan et de Mézières, vicomte de Murat, baron de Curcé, Montcontour, Langon, lieutenant-général des armées du roi, gouverneur de la province d'Alsace, du pays Orléanais, Chartrais, Vendomois, Blaizois, surintendant

(¹) P. ANSELME, t. V, p. 181. — MORERI, t. V, p. 264.

général et ordonnateur des bâtiments, jardins, arts, manufactures, imprimerie royale, protecteur des académies, etc.

Sa vie guerrière se trouvant esquissée à grands traits dans les lettres-patentes d'érection et relatée par tous les biographes, nous ne croyons pas utile d'insister sur cette illustration de la maison de Pardaillan. On se souvient, sans qu'il soit besoin de le noter, que l'érection du duché-pairie d'Antin fut faite à son profit.

Les enfants issus de son union avec JULIE-FRANÇOISE DE CRUSSOL (21 août 1686), fille aînée d'Emmanuel de Crussol, duc d'Uzès (¹), furent :

1. — LOUIS DE PARDAILLAN, marquis de Gondrin;

2. — LOUIS-MARIE DE PARDAILLAN, mousquetaire du roy, mort à 21 ans;

3. — GABRIEL-BALTHAZAR DE PARDAILLAN, besson du précédent, surnommé marquis de Bellegarde, commandant des vaisseaux du roi, et époux de FRANÇOISE-ÉLISABETH-EUGÉNIE DE VERTHAMON;

4. — PIERRE DE PARDAILLAN, chanoine de l'église de Paris, de celle de Strasbourg, abbé commandataire de Moustier-Ramé, membre de l'Académie française, évêque et duc de Langres, pair de France, descendu dans la tombe à 41 ans.

XVII

LOUIS DE PARDAILLAN, marquis de Gondrin, fut pourvu, par la confiance de Sa Majesté, des charges de colonel d'infanterie, de brigadier des armées du roi, et de la fonction de

(¹) P. ANSELME, *loc. cit.* — MORERI, *idem.*

menin de Monseigneur le Dauphin. Marié, le 25 janvier 1707, à MARIE-VICTOIRE-SOPHIE DE NOAILLES (1), il décéda bientôt après, à l'âge de 23 ans. Sa veuve conclut une seconde alliance, le 22 février 1723,. avec Louis de Bourbon, comte de Toulouse, amiral et prince légitimé de France.

Ces nobles époux, comme on l'a vu plus haut dans le corps du Mémoire, tenaient en grande estime le comte Pierre de Pardaillan, premier écuyer du duc de Penthièvre, colonel des grenadiers royaux, gouverneur de Saint-Domingue et grand-oncle paternel du consultant.

Demoiselle de Noailles fut mère, avant sa deuxième union, de :

1. — LOUIS DE PARDAILLAN, duc d'Épernon, pair de France ;

2 — ANTOINE-FRANÇOIS DE PARDAILLAN, marquis de Gondrin, venu au monde en 1709, vice-amiral du Ponant ;

3. — CHARLES-HIPPOLYTE DE PARDAILLAN, seigneur de Montcontour, mort au berceau.

XVIII

LOUIS DE PARDAILLAN-GONDRIN, duc d'Antin, pair de France, surnommé duc d'Épernon, filleul du duc de Bourgogne, fut, en 1721, quoique à peine âgé de 14 ans, investi du gouvernement de l'Orléanais, du duché-pairie et de beaucoup d'autres charges en survivance de son aïeul. Les brevets de colonel d'infanterie de la marine et de maréchal de camp lui furent conférés, l'un en février 1727, l'autre le 20 février 1743. Il s'était allié, le 10 octobre 1722, à GIRONNE DE MONTMO-

---

(1) P. ANSELME, *loc. cit.* — MORERI, *idem*.

RENCY-LUXEMBOURG. Des trois enfants issus d'eux, le seul mâle fut (¹) :

XIX

LOUIS DE PARDAILLAN-GONDRIN eut pour parrain le roi, pour marraine la comtesse de Toulouse, et pour consécrateur de son baptême le cardinal de Rohan. A sa mort, advenue le 14 septembre 1757, la branche et le duché-pairie d'Antin perdirent leur dernier titulaire (²). Le haut rang de la terre, en vertu des prescriptions des lettres-patentes de Louis XIV, retomba à l'état de marquisat. Le titre de duc d'Antin fut donc à jamais effacé; c'est précisément celui-là que M. d'Arblade avait voulu remettre debout.

BRANCHE DE CAUMORT,

DE LAQUELLE SONT ISSUS LES PARDAILLAN, BARONS DE SÉAILLES (³), ET LES RAMEAUX DES SEIGNEURS DU GRANCHET, LAS, SAINT-ORENS, PIMBAT, GIGNAN, ANCÊTRES DU CONSULTANT.

Nous allons maintenant dresser les premiers degrés de la branche de Caumort, qui produisit d'abord celle des barons de Séailles à laquelle appartenait l'abbé de Gondrin, et ensuite celle des seigneurs de Granchet, Las, Saint-Orens, Pimbat,

---

(¹) MORERI, *Dict. hist.*, t. V, p. 264-5. — P. ANSELME, t. V, p. 183.

(²) *Idem*, p. 184.

(³) ARMES : *Écartelé, aux 1ᵉʳ et 4ᵉ d'or, au château sommé de 3 tours de gueules et surmonté de 3 têtes de Maures de sable, tortillées d'argent; aux 2ᵉ et 3ᵉ d'argent, à 3 fasces ondées d'azur.* — COURONNE DE MARQUIS — **Tenants : deux hercules.**

Gignan, d'où sort M. Pierre-Joseph-Théodore-Jules de Pardaillan.
Nous nous bornerons à suivre le développement de ce dernier
rameau. Ceux des marquis de Termes, des comtes de Cère, des
barons de La Mothe-Gondrin, et même de Civrac, ne seront
point traités, car ils ne peuvent avoir leur raison d'être en cette
étude, limitée aux besoins de la cause.

VIII

AMANIEU Ier DE PARDAILLAN, comme on a pu le noter au
septième degré de la filiation de la branche ducale de Gondrin
et d'Antin, page 178, fut le troisième enfant de Bertrand de
Pardaillan, seigneur de Gondrin La Mothe, et de Bourguine de
Castillon. Les fiefs de Caumort, Ardens, Espeyroux, constituèrent
son lot dans la répartition des biens paternels et maternels. En
1471, furent célébrées ses noces avec AGNÈS DU LAU, fille de
Thibaut du Lau et de Jeanne, seigneuresse d'Averon. Agnès
donna le jour à (¹) :

IX

BERTRAND DE PARDAILLAN, seigneur de Caumort et d'Ardens en Armagnac, épousa CATHERINE DE BIRAN (²), le 23
mai 1503, et fut père de :

1. — JEAN DE PARDAILLAN, seigneur de Caumort et d'Ardens,
eut pour première femme (9 avril 1532) ANNE DE CASSAGNET (³),

---

(¹) P. ANSELME ; *Hist. des Grands Officiers de la Couronne*, t. V, p. 187. — LA
CHESNAYE DES BOIS, *Dict. de la Noblesse*, t. XI, p. 185. — Inventaire des titres
déposés à la Cour des Aides de Montauban par l'abbé Jean-Bertrand de Pardaillan-
Gondrin.

(²) LA CHESNAYE DES BOIS, *ut suprà*.

(³) Du mariage de Jean avec ANNE DE CASSAGNET (15 décembre 1546) vinrent,
outre les deux ci-après : — I. *Bertrand de Pardaillan,* dont la postérité se prolon-

de laquelle naquirent : I. — *Amanieu II de Pardaillan,* ascendant de l'abbé de Gondrin, dont nous avons donné les lettres à son cousin Pierre de Pardaillan ([1]); — II. *Bernard de Pardaillan,* resté sur le champ de bataille en Allemagne.

2. — BERTRAND DE PARDAILLAN, seigneur de Bonnefous, qui fut en compétition d'intérêt avec son neveu Amanieu. L'entremise de leur parent commun, Hector Pardaillan de Gondrin et de Montespan, amena une solution amiable. Bertrand comparut, le 24 avril 1568, dans la compagnie de 50 lances des ordonnances du roi, placé sous les ordres du sire d'Arné. Le 21 janvier 1560, ANNE DE MASSENCOME ([2]) devint sa femme.

3. — BERNARD DE PARDAILLAN, dit le *Cadet de Caumort,* est l'auteur du rameau de Granchet, Las ([3]), Saint-Orens, Pimbat, Gignan et Pujos, qui nous concerne d'une manière toute spéciale. C'est de lui que descend directement le consultant, M. le comte Pierre-Joseph-Théodore-Jules de Pardaillan. Ce Bernard, dont nous rangerons plus loin les générations issues de son sang, s'allia à MIRAMONDE DE LACOSTE ([4]). Par ce personnage-là s'opère le raccordement de la branche de Granchet à la branche de Caumort, et partant à la souche de Gondrin.

gea jusqu'en 1751, dans la personne de son arrière-petit-fils Antoine de Pardaillan, marquis de Bonas, lieutenant-général des armées du roi; — II. Autre *Bertrand de Pardaillan,* dont la destinée nous est inconnue.

([1]).P. ANSELME; *Hist. des Grands Officiers de la Couronne,* t. V, p. 188 et 189. — LA CHESNAYE DES BOIS, t. XI, p. 186.

([2]) *Idem,* t. XI, p. 185.

([3]) *Nobiliaire de Montauban et d'Auch,* vol. III, fol. 1089 et 1090, Mss. — Cabinet des titres, Bibl. imp. de Paris. — P. ANSELME; *Hist. des Grands Officiers de la Couronne,* t. V, p. 187 et 189. — LA CHESNAYE DES BOIS, art. *de Pardaillan,* t. XI, p. 186.

([4]) *Idem.*

4. — Jean de Pardaillan, point de départ de la Maison de Civrac ([1]), qui ne doit pas être étudiée dans ce Mémoire, car elle n'est d'aucun secours pour notre cause.

BRANCHE DES PARDAILLAN,

SEIGNEURS DE GRANCHET,

LAS, SAINT-ORENS, PIMBAT ET GIGNAN ([2]), ISSUS DE BERNARD, DIT *LE CADET DE CAUMORT*, ET ASCENDANTS DIRECTS DU CONSULTANT.

X

Nous avons vu, au neuvième degré, branche de Caumort, page précédente, que :

BERNARD DE PARDAILLAN, dit le Cadet de Caumort, était le troisième fils de Bertrand de Pardaillan et de Catherine de Biran. La Chesnaye des Bois, nous le répétons toujours, a reconnu que la filiation de Bernard se perpétuait encore en 1779 ou 80 (époque de l'achèvement de son *Dictionnaire*), dans la personne du grand-oncle du consultant : « Bernard, » tige de la branche des seigneurs de Las, qui subsiste dans » Pierre de Pardaillan, colonel du régiment des grena- » diers ([3]). »

Dans le partage des biens de sa Maison, partie de la terre de Caumort et toute celle de Granchet formèrent le lot dudit

---

([1]) P. Anselme, t. V.

([2]) Cette branche est celle que personnifie-directement de nos jours M. le comte Pierre-Joseph-Théodore-Jules de Pardaillan. Ses aïeux et lui ont mêmes armes que la branche aînée de Caumort. (Voir ci-dessus, p. 178.)

([3]) La Chesnaye des Bois, t. XI, p. 186.

Bernard (¹). C'est par lui et sa lignée que nous allons aboutir graduellement à son arrière-petit-fils, M. le comte Pierre-Joseph-Théodore-Jules de Pardaillan, le seul membre de sa race existant aujourd'hui.

Homme d'armes dans la compagnie du duc de Nemours, Bernard de Pardaillan, après une action héroïque, fut transporté au château de Puiminel, où il expira de la suite de ses blessures (6 mars 1565) (²). Il avait fait signer une obligation, le 14 décembre 1547, à noble Louis de Pardaillan, seigneur de La Couture.

Son mariage avec MIRAMONDE DE LACOSTE (³) est constaté par le P. Anselme et par la maintenue de noblesse en faveur de noble Louis de Pardaillan, seigneur de La Couture. Dans cet inventaire de titres, à propos du testament de Bernard de Pardaillan (14 décembre 1547), il est question de Miramonde, sa femme (⁴).

Pour ne pas embrouiller notre démonstration par une variété infinie de sources, nous continuerons à n'invoquer que les plus accessibles ou les plus commodes à produire en justice : ce sont celles dont l'indication bibliographique est confinée au bas de la page.

Noble Bernard de Pardaillan eut les enfants ci-après désignés dans le P. Anselme :

1. — ANTOINE DE PARDAILLAN, seigneur de Las Comes et du Granchet, dont la postérité, ainsi que celle de Jean ci-dessous,

(¹) P. ANSELME ; *Hist. des Grands-Officiers de la Couronne*, t. V, p. 187 et 189. — *Nobiliaire de Montauban et d'Auch*, t. III, f. 740, Mss. Cabinet des titres à la Bibliothèque Impériale de Paris.

(²) P. ANSELME, t. V, p. 189.

(³) *Nobiliaire de Montauban et d'Auch (loc. cit.).* — P. ANSELME, *id.*

(⁴) Maintenue en faveur de noble Louis de Pardaillan, seigneur de la Couture. Fol. 740, 741, 742 ; t. III, *Nobiliaire de Montauban et d'Auch*, Mss. Cabinet des Titres, n° 471, Bibl. imp.

sont rapportées dans les généalogistes que nous venons de nommer, dans le *Nobiliaire de Montauban et d'Auch,* tome III, fol. 740 et suiv. Antoine épousa ANTOINETTE DE MONT (¹), le 16 octobre 1576; celle-ci donna le jour à autre *Antoine,* seigneur de Las Comes, père de Bertrand, sieur de La Couture (²), qui le fut, à son tour, de Louis, fils légitime, et d'un bâtard, né en 1678, d'une certaine Jeanne Planté.

2. — JEAN DE PARDAILLAN (³), que nous allons reprendre pour descendre en ligne droite au réclamant, M. le comte Pierre-Joseph-Théodore-Jules de Pardaillan.

XI

JEAN DE PARDAILLAN, qualifié capitaine du Granchet dans certains actes des 5 et 7 mars 1586, épousa ANNE DE FERRA-GUT (⁴), devant Dupuy, notaire à Vic, le 16 janvier 1589. Les fruits de cette union furent : quatre filles et le rejeton ci-après :

XII

ANTOINE ARNAUD DE PARDAILLAN succéda à son père dans les terres de Granchet, de Las, et épousa, le 5 février 1614, DIANE DE BARBOTAN (⁵).

(¹) Maintenue en faveur de noble Louis de Pardaillan.

(²) *Idem.* — P. ANSELME, t. V, p. 189. — La trace de Bertrand est également très fréquente dans les vieilles minutes de Mᵉ Matignon, notaire à Lupiac, puisqu'on le trouve : Vol. Iᵉʳ, fol. 142. — Vol. II, fol. 36. — Vol. IV, fol. 3, 11, 40, 42, 44, 61, 70, 71, 72, 73, 89, 120. — Vol. V, fol. 1, 2, 26, 35. — Vol. VIII, fol. 85. — Vol. IX, fol. 15, 58, 68. — Vol. 10, fol. 22, 86, 100. — Vol. XI, 50, etc.

(³) P. ANSELME, t. V, p. 190. — Arch. du château de Gignan.

(⁴) *Idem.*

(⁵) P. ANSELME, t. V, p. 190. — Nous avons dit ailleurs que le P. Anselme, par suite d'une erreur de lecture ou de copie, avait écrit infidèlement Bourboulas au

Le seigneur de Barbotan père constitua à sa fille une dot de huit mille livres, garanties sur un de ses domaines. La mariée reçut, en outre, une riche corbeille de noces, garnie, entre autres objets précieux, de robes en taffetas, satin cramoisi et brocart (¹).

Le contrat fut retenu par Bernard Lapeyrie, notaire royal à Mormès. De ces liens légitimes sont dérivés :

1. — BERTRAND DE PARDAILLAN, qui, incorporé dans l'arrière-ban de la noblesse, fit la campagne de Roussillon en 1642; le même fut, en décembre 1666, maintenu dans ses priviléges de vrai gentilhomme par M. de Lartigue, subdélégué de M. Pellot, intendant de Guyenne. On le trouve parmi les témoins à la cérémonie nuptiale de messire Jean de Boulouich (Boulouix) et demoiselle Catherine de Bourbon (²). Il résidait avec PHILIBERTE DE CAZAUX (³), sa femme, au château de Las, en Fezensac. Aucun des auteurs précités ne lui attribue de postérité.

2. — JEAN DE PARDAILLAN, seigneur de Saint-Orens (⁴), capitaine d'infanterie, mourut au service, comme le dit le P. Anselme. Cet auteur, pour être complet, aurait dû ajouter qu'avant de succomber dans les camps, Jean avait épousé

---

lieu de Bàrboutan. Nous aurions pu adopter son orthographe pour nous dispenser de faire cette remarque, mais de tels accommodements ne vont pas à notre conscience et à notre amour de la vérité.

(¹) Acte retenu par Mᵉ Bernard Lapeyrie, notaire à Mormès, et aujourd'hui compris dans les anciennes minutes de l'étude de Mᵉ Moussot, à Nogaro.

(²) Étude de Mᵉ Matignon, notaire à Lupiac ; extrait des vieilles minutes, communiqué par M. le baron de Baulat.

(³) A laquelle il s'était allié le 16 novembre 1646. — P. ANSELME, t. V, p. 190.

(⁴) P. ANSELME, t. V, p. 190. — Expédition authentique du contrat de mariage de Bertrand de Pardaillan, fils dudit Jean, délivrée, le 16 août 1864, par Mᵉ Laterrade, notaire à Beaumarchez (Gers). — Le fonds d'Hozier, cahier coté 71-108 (Bibl. imp. Mss.), signale également Bertrand et Jean de Pardaillan comme frères, et le dernier comme seigneur de Saint-Orens.

demoiselle PERRINE DE GRISONY; ce qui va être établi immédiatement, puisque c'est lui que nous inscrivons à la suite.

3. — N. DE PARDAILLAN, capitaine d'infanterie ([1]).

XIII

JEAN DE PARDAILLAN, seigneur de Saint-Orens, et demoiselle PERRINE GRISONY furent unis le 2 décembre 1673.
L'acte fut rédigé par Barrau, notaire royal de Marambat. Son
identité est établie par le P. Anselme, tome V, p. 190, et aussi
par les pactes de mariage entre Bertrand de Pardaillan-Gondrin
et demoiselle Marie-Anne de Saint-Pierre de Porté. Ces pactes
portent que « messire de Pardaillan de Gondrin, seigneur de
» Pardaillan, fils aîné, légitime et naturel de feu messire Jean
» de Pardaillan-Gondrin, vivant seigneur de Saint-Orens, et de
» demoiselle Perrine de Grisony, sa veuve, du château de
» Pimbat, juridiction de la ville de Vic-Fezensac, y habitant,
» d'une part ([2]). »

Ledit Jean de Pardaillan testa, le 8 novembre 1702, et dis-
tribua ses biens aux deux enfants dont Perrine de Grisony
l'avait rendu père, et qui se nommaient :

([1]) Le P. Anselme le fait, comme le précédent, mourir au service.

([2]) Le contrat ci-dessus, qui fut retenu par Lanafoërt, notaire à Plaisance,
mentionne fréquemment Jean de Pardaillan, époux de Perrine de Grisony et père
de Bertrand : « Et pour les charges et supports du présent mariage, constitue en
» sa personne noble Vital de Grisony, seigneur de Lahont, de la ville de Lanepax,
» y habitant; lequel, de son bon gré, comme procureur spécialement fondé par
» ladite demoiselle Perrine de Grisony, sa sœur, par acte passé devant Me Lalanne,
» notaire royal dudit Vic-Fezensac, le 30 novembre dernier, a fait donation de
» tous et chacuns de ses biens et causes, tant meubles qu'immeubles, droits, voix,
» noms, raisons et actions de ladite demoiselle Perrine de Grisony, sa constituante,
» et par exprès de la portion virile de l'augment par elle gagné sur les biens dudit
» feu seigneur de Saint-Orens, son mari, etc. » — Ailleurs : « Moyennant ce, le
» seigneur de Pardaillan ne pourra rien demander du chef dudit feu seigneur de
» Saint-Orens, son père, ni de celui de la demoiselle constituante pendant sa vie,
» laquelle demeurera chargée de sondit fils puisnay, etc. »

1. — Bertrand de Pardaillan, seigneur du Pimbat;

2. — François de Pardaillan, chef d'escadre, qui périt dans un combat naval en 1729 (1).

XIV

BERTRAND DE PARDAILLAN (2) eut la terre du Pimbat par droit d'aînesse. Ses noces avec MARIE-ANNE DE SAINT-PIERRE DE PORTÉ (3) furent solennisées le 2 décembre 1709; leur contrat matrimonial en due forme est au nombre des pièces probantes. Nous avons dit que Jean, seigneur de Saint-Orens, était plusieurs fois mentionné dans cet acte comme père de Bertrand. La mère de l'époux se fit représenter à la cérémonie par son frère, Vital de Grisony, seigneur de Lahont. Ce dernier gratifia Bertrand de Pardaillan, son neveu, d'un don de six mille livres à recevoir sur ses débiteurs, qui étaient Jean d'Auxion, seigneur d'Ayguetinte; messire Antoine de Serignac, seigneur de Belmont; noble Agesilas de La Roche; demoiselle Anne de Sainte-Christie. Perrine de Grisony abandonna à son fils Bertrand tous ses biens, moins trois mille livres réservées à François, son fils cadet, enseigne de vaisseau (4).

---

(1) Son identité est prouvée par un acte de vente du 20 octobre 1718, consenti par lui et son frère Bertrand. Nous avons copie authentique de cette pièce, qui se trouve dans les anciennes minutes de Lalanne, notaire à Vic-Fezensac. *(Étude de Me Dupuy, en la même ville.)*

(2) Est appelé de *Pardaillan-Gondrin* dans son contrat avec demoiselle Marie-Anne de Saint-Pierre de Porté.

(3) Expédition authentique du contrat de mariage de messire Bertrand de Pardaillan-Gondrin, seigneur de Pardaillan, et de demoiselle Marie-Anne de Saint-Pierre de Porté (2 décembre 1709), délivré par Me Laterrade, notaire à Beaumarchez, le 16 août 1864. — La mariée était fille de noble Michel de Saint-Pierre, seigneur de Porté, et de demoiselle Anne de Rivière de la juridiction de Tasque.

(4) Même expédition que ci-dessus.

Bertrand de Pardaillan et demoiselle Anne de Saint-Pierre de Porté eurent huit enfants :

1. — VITAL ou VIDAL DE PARDAILLAN fut l'aîné des quatre fils de Bertrand de Pardaillan et de demoiselle Anne de Saint-Pierre de Porté.

Lieutenant du vaisseau l'*Aquilon,* et faisant partie de l'escadre qui opérait entre Cadix et Gibraltar, il y reçut une blessure mortelle. Le journal historique du règne de Louis XV a consacré ces quelques lignes à sa mémoire valeureuse : « Le vaisseau » du roi, commandé par le chevalier de Caylus, l'*Aquilon,* par » le comte Pardaillan, et la frégate la *Flore,* sont attaqués à » l'entrée du détroit de Gibraltar par quatre vaisseaux de guerre » anglais, qui sont si bien reçus, malgré leur supériorité, » qu'ils sont obligés de quitter la partie après trois heures de » combat; le comte de Pardaillan cependant fut tué de la pre- » mière bordée. »

Ce titre de comte se rapporte pleinement à celui que le commissaire de la marine donnait à son frère (devenu chef de la famille depuis la mort de son père), en lui écrivant une lettre dont les termes sont accompagnés de cette suscription : *A Monsieur le marquis de Pardaillan-Gondrin* (1).

Ce rang était échu au rameau de Saint-Orens et du Pimbat, à l'extinction de la branche de La Mothe-Gondrin, dont il était le parent le plus proche, car il devançait le duc d'Antin de cinq degrés en ligne ascendante, remontant à Bertrand de Pardaillan,

---

(1) « La chambre des comptes de Paris, Monsieur, exigeant un acte de notoriété » qui justifie de votre qualité de seul héritier de feu M. votre frère, en vertu de » laquelle vous avez receu le payement de tout ce qui lui restoit deub dans la » marine, je vous prie de vouloir bien m'adresser cet acte, sans lequel ce payement » ne sçauroit être alloué au trésorier de la marine.

» C'est avec beaucoup de plaisir que je vous renouvelle les assurances de » l'attachement bien sincère avec lequel j'ay l'honneur d'estre, Monsieur, votre » très-humble et très-obéissant serviteur. »

(Signature du Commissaire de la Marine).

Au bas : *A Monsieur le marquis de Pardaillan-Gondrin.*

époux de Bourguine de Castillon, et auteur commun des branches
des barons de Gondrin, des sires de La Mothe et des seigneurs
de Caumort. De ceux-ci vint le rameau de Las, de Granchet et
de Guignan, qui est le nôtre. Malgré cet héritage honorifique,
le titre persistant des ancêtres du réclamant, qui eurent un rôle
dans la marine, dans l'armée ou à la Cour, à partir de 1741,
a été celui de comte.

2. — JEAN-PIERRE DE PARDAILLAN, clerc tonsuré (1), qui fit
une donation à son frère Joseph lors du mariage de celui-ci
avec demoiselle Anne de Ferragut;

3. — JOSEPH DE PARDAILLAN, grand-père du consultant, qui va
occuper le degré suivant, et qui seul continuera la descendance
masculine;

4. — PIERRE DE PARDAILLAN reçut, en 1776, le brevet de
colonel des troupes de Saint-Domingue; en 1777, le commandement de la même garnison. Il fut successivement promu aux
grades de brigadier d'infanterie (1781), de mestre de camp dans
le régiment de Penthièvre (1782), de maréchal-de-camp (1788).
Enfin, au retour des Bourbons, le 23 août 1814, il fut élevé à
la dignité de lieutenant-général.

Le titre de comte lui est attribué par toutes ses commissions
militaires. Les deux suivantes, dont il fut pourvu au début et à
la fin de sa carrière, en font foi aussi bien que la promotion de
maréchal-de-camp, reproduite plus haut, p. 117.

BREVET DE COLONEL DES TROUPES DE SAINT-DOMINGUE,
POUR LE COMTE PIERRE DE PARDAILLAN.

« Sa Majesté, désirant se servir du sieur COMTE *de Pardaillan*,
» en sa qualité de colonel, près celles de ses troupes qui sont à

---

(1) Son identité est prouvée par un brevet de pension sur l'abbaye de Saint-
Lucien de Beauvais, les pactes d'union de Joseph de Pardaillan et de demoiselle
Anne de Ferragut; l'époux est *assisté et conseillé de messire Pierre de Pardaillan,
clerc tonsuré, son frère-germain aîné.* Celui-ci fit une donation au marié.

» Saint Domingue, sous les ordres du gouverneur, son lieutenant
» général des Isles sous le vent de l'Amérique, elle mande et
» ordonne au dit sieur COMTE de Pardaillan de s'employer en la
» ditte qualité de colonel près les dittes troupes, selon et ainsi
» qu'il lui sera ordonné par le dit gouverneur, lieutenant-général
» des dittes Isles, auquel Sa Majesté recommande de faire
» reconnaître le dit sieur COMTE *de Pardaillan* en la ditte qualité
» de colonel de tous ceux et ainsi qu'il appartiendra.

» Fait à Versailles, le 23 août 1776 ([1]).

» LOUIS.

» *DE SARTINE.* »

BREVET DE LIEUTENANT-GÉNÉRAL, POUR LE COMTE PIERRE DE PARDAILLAN.

« LOUIS, par la grâce de Dieu, roi de France et de Navarre,

» Prenant une entière confiance dans les talents, la valeur,
» l'expérience à la guerre, la bonne conduite, ainsi que dans la
» fidélité et l'affection à notre service du sieur *Pierre* COMTE *de*
» *Pardaillan* ([2]), maréchal-de-camp, — lui avons conféré et confé-
» rons par ces présentes, signées de notre main, le rang de
» lieutenant-général, pour tenir rang dans nos armées du 13 août
» mil huit cent quatorze.

» Mandons et ordonnons à nos officiers généraux et autres, à
» qui il appartiendra, de le reconnaître et faire reconnaître en la
» dite qualité.

» Donné au château des Tuileries, le 23 août 1814.

» LOUIS.

» Par le roi :

» *Le Ministre Secrétaire-d'État de la Guerre,*

» MARÉCHAL DUC DE DALMATIE. »

([1]) Ces provisions militaires font partie de notre groupe de preuves.

([2]) Dans les temps les plus reculés, ses ancêtres avaient été hauts-barons, rang supérieur en dignité et puissance à celui des comtes de Louis XIV. Pourquoi, me dira-t-on, les branches issues de cette souche baronale, telles que les seigneurs du

La Chesnaye des Bois, dans son *Dictionnaire de la Noblesse,*
tome XI, page 186, affirme et confirme à son tour le titre de
comte. On sait comment s'exprime ce généalogiste au sujet de
Bernard de Pardaillan, époux de Miramonde de Lacoste, et de
son arrière-petit-fils Pierre, qui nous occupe en ce moment :
« Bernard, tige de la branche des seigneurs de Las, qui subsiste
» dans Pierre de Pardaillan, appelé le comte de Pardaillan,
» colonel du régiment de grenadiers royaux de Guienne, marié,
» contrat signé par le roi et la famille royale, le 16 février
» 1774, avec demoiselle N. de Vezien. »

A sa mort, advenue en 1815, les journaux de l'époque rendirent justice à ses grands mérites militaires. Il descendit dans la
tombe à l'âge de 81 ans. Une fille unique (¹), qui devint *Mme la
marquise de Bailly,* naquit de l'alliance du comte de Pardaillan
avec demoiselle DE VEZIEN. Son titre, à son décès, échut à son
neveu, M. Pierre-Joseph-Théodore-Jules de Pardaillan, en vertu
du principe de la succession nobiliaire qui saisissait, d'après
Scohier, tous les rameaux d'une même Maison. M. de Chergé
exprime le même sentiment en ces termes :

« Le titre s'étendait, non pas seulement en ligne directe,

Granchet, de Las, de Civrac, du Pimbat, ne furent-elles pas titrées plus tôt ? Par
la raison que neuf ou dix d'entre elles avaient été élevées aux prééminences de
comtés, marquisats et duchés, ce qui avait dû tarir jusqu'à un certain point les
faveurs de la couronne. Puis, de grosses fortunes seules pouvaient aspirer et
arriver à l'érection de terres qualifiées. Les rameaux puînés n'étaient pas
possesseurs d'assez beaux apanages pour grouper le nombre de seigneuries
voulues, abandonner l'administration de leurs biens, se fixer à la cour, payer les
frais de chancellerie, dépenser leurs revenus à l'armée. A la longue, d'ailleurs,
les titres des branches aînées, se trouvant en déshérence, devaient forcément
aboutir aux cadettes, qui avaient la certitude d'être pourvues tôt ou tard dans
l'avenir de ces distinctions honorifiques.

(¹) Du mariage de celle-ci avec M. le marquis de Bailly, officier général dans l'armée de Condé, résidant en son château de Fresnoy, non loin de Laval (Mayenne),
provinrent trois filles : — I. *Laure de Bailly,* qui n'a point pris d'alliance ; —
II. *Caroline,* mariée au *marquis de Vaujuas;* c'est elle qui est aujourd'hui dépositaire des brevets de son aïeul ; — III. *Louise,* qui a épousé le *marquis de Lesca-
lopier.*

» mais en ligne collatérale : à l'extinction de la branche aînée
» d'une famille, il était admis que le titre qu'elle portait fût
» relevé par une autre branche, et cela surtout quand cette
» branche, seule survivante unique, résumait en elle toute la
» race; il y avait, pour les cadets, honneur à rappeler les aînés
» disparus (1). »

5. — Françoise de Pardaillan, mariée à M. de Lacoste, en 1752;

6. — Madeleine, restée demoiselle;

7. — Félice de Pardaillan, abbesse de Nonenque, en Rouergue (1758); •

8. — Marie, qui s'allia à M. de Falgous en 1761.

XV

JOSEPH DE PARDAILLAN, le troisième des enfants de Bertrand de Pardaillan et de Anne de Saint-Pierre de Porté, était né le 9 octobre 1727. Il épousa, le 9 janvier 1769, demoiselle ANNE DE FERRAGUT, fille de Frix de Ferragut, seigneur de Gignan et de Pujos, comme il résulte de leur contrat de mariage dont nous tenons copie authentique. Sa femme s'associa à plusieurs actes, entre autres à la quittance de 4,000 fr., qui a été rappelée ailleurs.

Durant les terribles jours de la Révolution, il fut conduit à Auch et emprisonné comme suspect. Son fils Joseph, qui reparaît au degré ci-après, vint à Mugron solliciter de Dartigoëte la faveur de remplacer son père en réclusion. Cette noble démarche, qui rappelle les dévouements antiques, fut accueillie par le terrible

(1) *Lettres d'un paysan gentilhomme,* par M. de Chergé, p. 29.

conventionnel, et la captivité de l'enfant racheta la liberté paternelle. Joseph, père du consultant, fut rendu à sa famille, le 23 brumaire an III, par ordre du Comité de sûreté générale (¹), alors représenté par Moumajou, Garnier de l'Aube, Reverchon, Bourdon de l'Oise, Barras, Lomond.

Anne de Ferragut et son mari, alourdis par l'âge, ne purent se rendre aux noces de leur fils unique; leur office fut rempli par Pierre de Pardaillan, ancien écuyer du duc de Penthièvre et maréchal de camp, qui assista son neveu. Il est inutile de l'inscrire ici, puisque nous allons le faire en tête du XVIᵉ degré (²).

●

XVI

JOSEPH DE PARDAILLAN, d'après son extrait baptistère déjà connu, naquit le 25 septembre 1777. Ses parents le marièrent, le 20 thermidor an IX, à ÉMILIE-ÉTIENNETTE-CAROLINE DU SOUILH, fille de Pierre-Laurent du Souilh, ancien mestre de camp de cavalerie, et de dame Marie-Gabrielle-Françoise Olivier. Il fut assisté de son oncle, le comte Pierre, autrefois colonel des grenadiers royaux et maréchal de camp, alors en non activité. Celui-ci, comme on le sait, représentait les auteurs de l'époux. La cérémonie nuptiale fut célébrée au château Gignan, en présence de Louis-Antoine de Sérignac, ancien colonel d'infanterie; de Pierre de Lacoste, ancien officier; de Charlotte de Verduzan de Miran, baronne de Cours, fille du comte de Miran et de Gaure; de Pierre-Vincent Capdeville, ex-major de cavalerie; de Pierre-François Capdeville, colonel de la même arme; de Joseph

---

(¹) Ordre de mise en liberté et de levée des scellés de Pardaillan fils exécuté par l'agent national du district d'Auch, LANTRAC. — Arch. du chât. de Gignan.

(²) Procuration de Joseph de Pardaillan à Pierre de Pardaillan pour assister au mariage de Joseph, fils du premier et neveu du second *(copie authentique)*. — Arch. du château de Gignan.

d'Estremont, etc. Tous signèrent le contrat dont nous avons deux expéditions légalisées. Du mariage de Joseph de Pardaillan et de demoiselle du Souilh est issu le consultant qui suit :

XVII

PIERRE-JOSEPH-THÉODORE-JULES DE PARDAILLAN, né le 5 brumaire an xi (20 octobre 1802) (¹), contracta alliance avec ELVIRE-AGATHE-JOSÈPHE D'AUX, fille de Pierre-François, marquis d'Aux, et de Rosalie-Charlotte Renaud d'Avesnes, marquis de Meloizes. M. le comte de Pardaillan est veuf depuis 1844 (²).

Le 2 septembre 1814, le comte de Nantouillet lui envoyait l'autorisation suivante : « D'après les ordres de Son Altesse » Royale Monseigneur le duc de Berry, il est permis à M. le » comte Jules de Pardaillan de porter la décoration de la fleur » de lys. » Le duc de Berry, qui était très initié à l'état et à la tradition des familles, le qualifie comte malgré sa jeunesse, parce que sa branche, quoique cadette, le portait en 1741 dans la personne de Vital de Pardaillan, tué non loin du détroit de Gibraltar, et ensuite dans celle de Pierre de Pardaillan, premier écuyer du duc de Penthièvre, gouverneur de Saint-Domingue, et sous la Restauration lieutenant-général.

La duchesse d'Uzès et l'abbé de Gondrin, qui connaissaient parfaitement les droits et les rangs respectifs des membres de leur famille, en étaient fort jaloux au point de vue particulier de leur rameau. Eh bien! leurs relations et leurs lettres intimes

---

(¹) Extrait légalisé de l'état-civil de la commune de Lupiac, relatif à la naissance de M. Pierre-Joseph-Théodore-Jules de Pardaillan.

(²) Extrait légalisé du décès de Mᵐᵉ Elvire-Agathe-Josèphe d'Aux, épouse de M. le comte Pierre-Joseph-Théodore-Jules de Pardaillan. — Toutes les pièces citées, établissant l'identité du consultant, sont en nos mains.

confirment les documents officiels, qui n'ont pas besoin d'être confirmés.

A la mort de Pierre de Pardaillan, qui ne laissa point de postérité masculine, son neveu, M. Pierre-Joseph-Théodore-Jules de Pardaillan, lui succéda quant au titre de comte, préférant celui qui était dans la tradition de sa branche, à tous ceux de marquis provenant de l'extinction des autres. Contrairement aux pratiques de MM. Treil, s'il le prend dans les circonstances solennelles, il ne s'en sert point dans les actes ordinaires de la vie. En compensation, il est vrai, tout le monde le lui donne. Dans notre pays, chacun sait qu'il résume une race ancienne, notoire entre toutes, et dix fois officiellement titrée.

PROPOSITIONS

développées dans ce Mémoire.

La Généalogie des deux branches de la Maison de Pardaillan qui se
rapportent au Mémoire, se trouve à la page 167.

Bordeaux. — Imp. G. GOUNOUILHOU, rue Guiraude, 11.